Ehrhardt Bödecker
Preußen und die Marktwirtschaft

Ehrhardt Bödecker

Preußen

und die

Marktwirtschaft

Bibliografische Information Der Deutschen Bibliothek

Die Deutsche Bibliothek verzeichnet diese Publikation in der
Deutschen Nationalbibliografie;
detaillierte bibliografische Daten sind im Internet
über http://dnb.ddb.de abrufbar.

ISBN 10: 3-7892-8187-5
ISBN 13: 978-3-7892-8187-7
© 2006 Olzog Verlag GmbH, München
Internet: http://www.olzog.de

Erstauflage: 45.000
Gestaltung und Satz: Göbel+Gröner Grafisches Atelier GmbH, Berlin
Druck- und Bindearbeiten: Himmer-Druck, Augsburg
Printed in Germany

Inhaltsverzeichnis

Es gibt kein besseres Mittel, sich eine richtige und genaue Vorstellung von den Weltbegebenheiten zu machen, als sie durch Vergleichungen zu beurteilen, Beispiele aus der Geschichte zu wählen, sie neben die Ereignisse unserer Tage zu stellen und auf die Ähnlichkeiten zwischen ihnen zu achten. Nichts ist mehr imstande, unsere Erkenntnis zu erweitern.

Friedrich der Große
als Kronprinz 1738

Vorwort

In den zurückliegenden 60 Jahren haben Politik, Wissenschaft, Schulen und Medien die deutsche Geschichte weitgehend auf die Zeit des Nationalsozialismus verkürzt. Die vorangegangenen geschichtlichen Ereignisse wurden im Rahmen einer Kontinuitätstheorie als Vorläufer der NS-Zeit betrachtet, Fakten und Zahlen dabei unterdrückt, so daß sich angesichts der mit Geschichtskenntnissen nur unzureichend ausgestatteten deutschen Bildungsschicht ein falsches Bild von der deutschen Geschichte verfestigen konnte.

Professor Wolfgang Mommsen schrieb in der Frankfurter Rundschau am 1. Dezember 1986, daß sich historische Forschung in Deutschland an den Grundwerten einer demokratischen Parteiendemokratie zu orientieren hätte. Diese offen deklarierte Werthaltung sei auf politische Motivation zurückzuführen. Der preußische Staat, so Mommsen weiter, sei in diesem Zusammenhang zur Unperson erklärt worden.

Orientierungsmaßstab sollte dagegen die Bibel sein. In Matthäus 7, 16 heißt es: „An ihren Früchten sollt ihr sie erkennen. Trauben kann man nicht von Dornen und Feigen nicht von Disteln ernten." Nach den Regeln des französischen Arztes Le Bon in seinem weltbekannten Buch

„Die Psychologie der Massen" genügt für den Erfolg einer Propaganda, das gilt auch für die Durchsetzung eines Geschichtsbildes, die Wiederholung von einfachen Behauptungen. Beweise sind nicht notwendig, weil die Masse für Beweise keinen Sinn hat. Beweise würden eigenes Denken voraussetzen, was die Masse weitgehend ablehnt. Der berühmte preußische Philosoph Immanuel Kant übersetzte die Forderung von Horaz „Sapere aude" mit „Habe den Mut zum eigenen Urteil". Ein eigenes Urteil in geschichtlichen Fragen setzt allerdings Wissen voraus.

Es kann kein Zweifel daran bestehen, daß der Höhepunkt unserer jüngeren deutschen Geschichte das „Deutsche Kaiserreich" war. Mit Hilfe des gut dokumentierten Zahlenmaterials kann diese Einschätzung schlüssig begründet werden.

Nach Jahrhunderten der Zersplitterung und Teilung Deutschlands – ein Zustand, den der am Brandenburger Hof tätige Staatsrechtler und Historiker Samuel von Pufendorf (1632–1694) als „unregierbares Monstrum" beschrieb – erlangte endlich auch Deutschland im Jahre 1871 seine Einheit. Die Aufrechterhaltung der deutschen Teilung gehörte jahrhundertelang zum Staatsziel der französischen Politik.

25 Städte und Länder mußten 1871 „unter einen Hut" gebracht werden. 1866 hatten einige von ihnen noch gegeneinander gekämpft. Sie waren an Selbständigkeit gewöhnt. Jetzt mußten sie sich einordnen. Die Überwindung der zum Teil recht heftigen politischen und landsmannschaft-

lichen Gegensätze in Deutschland erforderte von der kaiserlichen Regierung erhebliche Anstrengungen. Zu nennen wären in erster Linie:

Die Gegensätze von Protestanten und Katholiken, der Antagonismus von Sozialismus und Marktwirtschaft, die Verschiedenheit der Mentalitäten in Nord und Süd, in Ost und West.
Ferner waren die Minderheitenprobleme von Polen, Dänen und Lothringern zu beachten.
Die wichtigste soziale Veränderung war der Übergang von der Agrargesellschaft zur Industriegesellschaft, denn dieser Übergang erzeugte ein großes Potential von entwurzelten und leicht beeinflußbaren Industriearbeitern.

Die Lösung der außen- und innenpolitischen Schwierigkeiten nach der deutschen Einheit wurde zusätzlich durch einen gewaltigen Geburtenüberschuß erschwert: 600.000 Menschen kamen jährlich von 1871–1914 hinzu. Zwei Drittel der deutschen Bevölkerung waren 30 Jahre und jünger. Heute sind es nicht einmal mehr ein Drittel. Trotzdem hatte Deutschland

– mit 0,9 % die geringste Analphabetenquote
– mit 1–2 % die geringste Arbeitslosigkeit
– mit 54 Goldmark pro Kopf die geringste
  Steuerbelastung (1913) in Europa
– das höchste Bildungsniveau
– mit 20 Nobelpreisträgern das höchste
  Wissenschaftsniveau

- die Führerschaft auf allen industriellen
  High-Tech-Gebieten (Chemie, Optik, Elektrizität,
  Spezialmaschinenbau)
- mit 87% Weltmarktanteil in Chemie die absolut
  führende Stellung der Chemie in der Welt.

Warum dem Deutschen Kaiserreich in der gegenwärtigen
historischen Literatur Eigenschaften unterstellt werden,
die zu seinen wirtschaftlichen und wissenschaftlichen
Erfolgen in krassem Widerspruch stehen, kann nur sozialistische Gründe haben. Militarismus, obrigkeitsstaatliche
und – wie es Mommsen ausdrückt – autoritäre Verformung des Volkes hätten dem wirtschaftlichen und wissenschaftlichen Erfolg des Kaiserreichs geradezu entge-
gengestanden. Der englische Philosoph Herbert Spencer
(1820–1903) stellte schon zu seiner Zeit fest, daß in einem
obrigkeitlichen und militanten Staat keine leistungsfähige
Wirtschaft entstehen könne. Auch Adam Smith (1723–
1790), der weltbekannte englische Nationalökonom, sah
im Freiraum des einzelnen das Spiegelbild einer erfolgreichen Wirtschaft.

Professor Dr. David Nachmansohn, das letzte jüdische
Mitglied der Kaiser-Wilhelm-Gesellschaft, schrieb im
Jahre 1982 in New York: „Der gewaltige Aufstieg der
deutschen Wissenschaft und Technik in den letzten drei
Jahrzehnten des 19. Jahrhunderts und in den ersten drei
Jahrzehnten des 20. Jahrhunderts verwandelte Deutsch-
land aus einem relativ mittellosen und in vieler Hinsicht
rückständigen Land in eine der größten Mächte der Erde.
Das Ergebnis war eine Umwälzung von noch nie dagewe-

senen Ausmaßen. Wir sind Zeugen einer neuen Ära in der Geschichte der Menschheit. Im Jahre 1840 war das Land von Armut, Elend, Hunger und Krankheit geplagt. 1910 war Deutschland mit einer Bevölkerung von rund 70 Millionen ein reiches Land mit einer hochgebildeten Mittelklasse und einer Arbeiterklasse, die bessere Lebensbedingungen und fortschrittlichere soziale Einrichtungen besaß als die entsprechenden Bevölkerungsschichten in Frankreich und England.

Der dramatische Wendepunkt des deutschen Schicksals wurde durch Otto von Bismarck eingeleitet, einem der größten Staatsmänner der Geschichte. In ihm verbanden sich ein brillanter Geist, ein herausragender Intellekt, eine außergewöhnliche Sehergabe und weite Zukunftsperspektiven mit einem eisernen Willen; er war ein perfekter Autokrat."

Für diesen einmaligen Aufstieg zum allgemeinen Wohlstand war die 200 Jahre dauernde preußische „Standeserziehung" (Otto Hintze) die entscheidende Grundlage. Sie mit den heutigen Verhältnissen zu vergleichen, ist ein Gebot politischer Vernunft. Dieses Buch soll den Vergleich ermöglichen und zum Nachdenken anregen.

In einer bedeutenden Publikation des Kaiserreichs vom Jahre 1897 (Meyers Konversations-Lexikon) finden wir eine beachtenswerte Bemerkung: „Die Familie hat eine hohe Bedeutung für das physische und moralische Wohl der Bevölkerung. Heiratsziffer und Geburtenziffer sind ein Maßstab für das Wohlbefinden eines Volkes." Daran hat sich bis heute nichts geändert.

1.

Marktwirtschaft in Preußen und Marktwirtschaft in der Bundesrepublik Deutschland

Zweimal in der jüngeren deutschen Geschichte hat sich die deutsche Regierung trotz schwieriger außen- und innenpolitischer Umstände für das Prinzip einer freien Wirtschaft entschieden, einer Wirtschaft, die wir heute Marktwirtschaft oder auch soziale Marktwirtschaft nennen. Das erste Datum war der 17. Januar 1845, an dem sich Preußen mit einer neuen Gewerbeordnung für eine marktwirtschaftliche Ordnung entschied. Damit folgte Preußen den Forderungen der damals herrschenden Lehre der Nationalökonomie, wonach die Wirtschaft eines Landes mit Privateigentum, Vertragsfreiheit, Wettbewerb und aus den Beziehungen freier und gleichberechtigter Bürger ihre größte Leistungsfähigkeit gewinnt. Der Staat hat nur die persönlichen Freiheitsrechte zu garantieren und für Rechtssicherheit zu sorgen. Es war die Zeit der bürgerlichen Revolution, der Frankfurter Paulskirche von 1848 mit den Entwürfen einer bürgerlichen Verfassung. Doch die Monarchen konnten sich noch einmal durchsetzen, einen Bürgerkrieg verhindern und damit den Frieden in Europa bewahren.

Seit 1859 und endlich mit der Gründung des Norddeutschen Bundes (1867) übernahm die Mehrzahl der deutschen Einzelstaaten das marktwirtschaftliche System Preußens. Die Länder hatten wirtschaftlich bis dahin an den Abkömmlingen des Merkantilismus mit seinen Bevormundungen festgehalten. Das Freizügigkeitsgesetz vom 1. November 1867 gestattete den Deutschen, in jedem Land des Norddeutschen Bundes zu arbeiten und zu wohnen.

Die am 21. Juni 1869 neugefaßte Gewerbeordnung machte die preußische Marktwirtschaft zum verbindlichen Wirtschaftssystem im Gebiet des Norddeutschen Bundes und später des neuen Deutschen Reiches. Eine freiheitliche Wirtschaft war nach Überzeugung Otto von Bismarcks die „Magna Charta" des jungen „Deutschen Reiches", die neue Gewerbeordnung ihr wichtigstes Element. Auf die Formulierung der Gewerbeordnung mit Vertrags- und Unternehmerfreiheit hatte Bismarck persönlich einen starken Einfluß genommen. Es entstand eine große Zahl von selbständigen Klein- und Mittelbetrieben, die bis heute die Struktur der deutschen Industrie bestimmen.

In § 1 der Gewerbeordnung vom Mai 1869 wurde vorgeschrieben:
„Der Betrieb eines Gewerbes ist Jedermann gestattet, soweit nicht durch dieses Gesetz Ausnahmen oder Beschränkungen vorgeschrieben sind."
In § 105 heißt es: „Die Festsetzung der Verhältnisse zwischen den selbständigen Gewerbetreibenden und ihren Gesellen, Gehülfen und Lehrlingen ist Gegenstand freier Übereinkunft." Mit dieser Bestimmung legte Bismarck

die Grundlagen einer erfolgreichen marktwirtschaftlichen Ordnung. Er wurde von Rudolph Delbrück (1817–1903), dem Präsidenten des Reichskanzleramtes, unterstützt. Delbrück führte bereits mit 31 Jahren die entscheidenden Verhandlungen über den Zollverein. Er wurde 1868 Staatsminister und trat 1876 wegen Meinungsverschiedenheiten mit Bismarck über den Freihandel zurück.

Der preußische Junker Otto von Bismarck war der Schöpfer des ersten, der Liberale Ludwig Erhard der Schöpfer des zweiten deutschen Wirtschaftswunders. In der wirtschaftlichen Beurteilung hatten sie ähnliche Gedanken. Mit den Menschen, die diese „Wunder" vollbrachten, besaßen beide weitere Gemeinsamkeiten: Hochgebildet, gut ausgebildet, engagiert, mobil und motiviert, keinem gewerkschaftlichen Einfluß unterworfen, an selbständiges Handeln gewöhnt, das waren die Menschen des ersten und zweiten Wirtschaftswunders. Ihre Gesinnung und ihre Leistungsmotivation waren in den Zeiten Bismarcks und Erhards ähnlich.

Gegenwärtig leiden die deutschen Unternehmen unter der bedrückendsten gewerkschaftlichen Behinderung (Mitbestimmung) in der Welt. Einstellungen, Versetzungen, Umstrukturierungen, Innovationen, Kündigungen, Personalbeurteilungen, Arbeitszeiten, Pausengestaltung und viele andere typische unternehmerische Maßnahmen in den Betrieben sind von der Zustimmung des Betriebsrats abhängig. Wichtige Entscheidungen des Unternehmers unterliegen dem Begründungszwang gegenüber dem Betriebsrat und werden auf diese Weise erschwert, verzögert, verhindert oder erst in einer den Gewinn beschränkenden Weise ermöglicht. Hierbei gehört die Drohung mit dem Arbeitsgericht zu den Ritualen routinierter Betriebsräte. An diese dem freien Unternehmertum widersprechenden Regelungen haben sich die Leiter der Betriebe, Manager und auch selbständige Unternehmer als Opfer der Mediokratie schon so sehr gewöhnt, daß sie das Zustandekommen von sogenannten Betriebsvereinbarungen bereits als großen Verdienst von Betriebsräten würdigen. Sie sind vom normalen und unabhängigen Unternehmertyp dermaßen entwöhnt, daß sie sich die zentrale Figur einer Marktwirtschaft in ihrer ursprünglichen Form gar nicht mehr vorstellen können. Darüber hinaus wird die Vertragsfreiheit eingeschränkt durch Tarifverträge (Lohnhöhe etc.) oder sogar ganz aufgehoben, obwohl nur 20% der Arbeitnehmer gewerkschaftlich organisiert sind. Die Grundzüge der Vertragsfreiheit, wie sie in Preußen bestand, sind ihnen ebenfalls unbekannt. Die Abdingbarkeit von Verträgen, das heißt die Ersetzbarkeit von gesetzlichen Vertragsklauseln durch freie Vereinbarungen, ist in der Gegenwart die Ausnahme, leider nicht mehr die Regel. Mietverträge, Arbeitsverträge, Kaufverträge und eine Reihe anderer Vertragsverhältnisse sind inhaltlich zwingend vorgeschrieben, daher nicht abdingbar. In seiner Preiskalkulation war der Kaufmann bisher frei, jedenfalls frei von staatlicher Einflußnahme. Eine Ausnahme bildete der Strompreis. Er wurde in Preußen durch staatliche Intervention auf einem Niveau stabilisiert, das auch weniger bemittelten Bevölkerungskreisen den Zugang zur Nutzung des Stroms erlaubte. Heute schreibt das von den Parteien besetzte und beeinflußte höchste Gericht, der

Bundesgerichtshof, den Banken (trotz starken Wettbewerbs) ihre Kostenkalkulation vor. Es ist ein richterlicher Eingriff in das Recht jeden Kaufmanns, seine Kalkulation selbst zu bestimmen. Auch hier wieder die gleiche Erscheinung: Bankiers und Bankmanager schlucken widerspruchslos diese unrechtmäßige Pille. Der Unternehmer in Deutschland wird außerdem von einem Steuersystem bedrückt und behindert, das zu den kompliziertesten und vorschriftsreichsten in der Welt zählt. Ohne einen studierten Fachmann ist der Unternehmer schwerlich in der Lage, seine Steuerschuld zu berechnen.

Joseph Schumpeter, der weltbekannte österreichisch-amerikanische Professor, hat in seinem bekannten Buch „Theorie der wirtschaftlichen Entwicklung" schon 1912 den Unternehmertyp beschrieben, auf den sich eine erfolgreiche Volkswirtschaft gründen muß. Schumpeter sieht in dem Unternehmer die zentrale Figur der Marktwirtschaft. Nach seiner Vorstellung ist der Unternehmer ein Mann der Tat, ein wirtschaftlicher Führer, der viele seiner Entscheidungen aus dem Augenblick, aus der Intuition trifft, ein Mann mit Vernunft, Leidenschaft und Emotionen. Zwingt man diesen Unternehmer zur vorherigen Rechenschaftslegung, zur Begründung seiner Vorhaben gegenüber Menschen, die seine Vorstellungen nicht verstehen und sich auch insgesamt nicht in eine unternehmerische Tätigkeit hineinversetzen können, behindert man den Unternehmer, seine Intuitionen und seine Visionen. Man beschädigt seine wichtige Funktion für die Wirtschaft. Der direkte Kampf mit seinen Konkurrenten und die Durchsetzung von Innovationen nimmt die ganze Kraft des Unternehmers in Anspruch. Er ist nach Schumpeter derjenige, der Veränderungen durchsetzt. Seine internen Auseinandersetzungen mit Funktionären, Betriebsräten und Behörden sind kräftezehrende und zeitvergeudende Kämpfe gegen das Beharren und gegen Veränderungen: sie schwächen sein menschliches Durchsetzungsvermögen und gleichzeitig damit den Erfolg seines Unternehmens. Es ist nicht zu verstehen, warum angesichts der fast 5 Millionen Arbeitslosen die Bedeutung des Unternehmers in Deutschland nicht konstruktiver und weniger abwertend in den Medien behandelt wird. Alle an der wirtschaftspolitischen Auseinandersetzung beteiligten Journalisten, Moderatoren, Professoren und Politiker überschätzen sich selbst und ihre Bedeutung für das Land und können sich daher nicht in die Rolle eines Unternehmers hineinversetzen, vielleicht wollen sie es auch gar nicht, weil die Medienwelt mehrheitlich „links" steht und dem Unternehmertum gegenüber eine starke Abneigung verspürt. In sozialistischer Tradition sehen sie alle im Unternehmer nur ein notwendiges Übel, das sie am liebsten abschaffen würden (wenn sie es könnten).

Die Liberalen, sie nannten sich seit 1861 Fortschrittspartei, forderten noch weniger Staat und wünschten die Privatisierung der Eisenbahn und der Reichspost; die Wasser- und Gasversorgung sollte von den Gemeinden in private Hände überführt werden. Später lehnten sie ebenso wie die Sozialdemokraten auch die Bismarck'sche Sozialgesetzgebung und die staatlichen Regelungen für den betrieblichen Arbeitsschutz vehement ab. Auf der anderen oppositionellen Seite verlangten die Sozialdemokraten die verfassungswidrige Abschaffung des Privateigentums und die Überführung der Wirtschaft in die „Hände der Arbeiterklasse". Ehe, Familie und traditionelle Umgangsformen lehnte August Bebel ab. Er war Führer und Einpeitscher der Sozialdemokraten. Weder Kirche noch Staat hätten sich um die Verbindung von Mann und Frau zu kümmern. Das sei allein Sache der gegenseitigen Zuneigung. Ähnliche Äußerungen stammten von Karl Marx. Marktwirtschaft ohne die Institution der Ehe, ohne Familie und ohne Regeln des Anstands? Völlig undenkbar.

2.

Ausdehnung der Marktwirtschaft auf das Deutsche Reich

Preußen entschied sich für die Familie, weil sie die Kernzelle nicht nur des Staates, sondern auch einer funktionierenden Marktwirtschaft ist. Zwischen dem Weg der Sozialisten und dem der Liberalen wählte Preußen einen Mittelweg. Es entschied sich für die Beibehaltung des eigenständigen, nicht bevormundeten Menschen. Es entschied sich für einen freien Unternehmer. Die Versorgung von Gas und Wasser blieb in öffentlicher Hand. Wir erinnern uns: Selbst nach den schlimmsten Bombenangriffen im Zweiten Weltkrieg funktionierte die Versorgung in der Regel nach nur wenigen Stunden wieder. Staatliche Auflagen an die elektrischen Versorgungsunternehmen stellten sicher, daß alle Haushalte Stromanschlüsse bekamen und die Strompreise auch für die einkommensschwachen Haushalte erschwinglich waren. Bei der verstaatlichten Eisenbahn wurden wirtschaftlich zurückgebliebene Gebiete mit dem Schienennetz verbunden, um einen gleichmäßigen Verkehrsanschluß der Bevölkerung sicherzustellen. Mit dem Bau von jährlich 1.000 km Schienenstrecke wurde das Schienennetz erweitert. Die Wirtschaft zog daraus einen erheblichen Nutzen. Die staatliche und „nicht privatisierte" Reichspost gehörte zu den effektivsten und besten Postverwaltungen der Welt. Die privaten und staatlichen Postverwaltungen aller Staaten beschlossen daher, Heinrich von Stephan, den Postminister des Deutschen Reiches, zum Vorsitzenden des internationalen Postvereins zu wählen.

Das zweite Mal, an dem sich Deutschland für die Marktwirtschaft entschied, waren der 2. März und 21. Juni des Jahres 1948. Ludwig Erhard wurde zum Direktor der Verwaltung für die Wirtschaft der Bizone bestellt, die aus den englischen und amerikanischen Besatzungszonen gebildet worden war. Die staatliche Bewirtschaftung war völlig zusammengebrochen. In der Gütererzeugung lag die Produktivität des einzelnen Arbeiters bei 30% der Vorkriegszeit. Die Ernährung mit knapp 1.500 Kalorien pro Tag erreichte nicht den Mindestwert. Ohne eine Neuordnung der ausgehöhlten Währung war eine leistungsfähige Wirtschaft nicht zu erwarten. Am 20. Juni 1948 wurde mit der Währungsreform die Deutsche Mark eingeführt. Im gleichen Zug beseitigte Erhard die Bewirtschaftung und befreite die Kriegs- und Nachkriegswirtschaft von ihren Ketten. Am 23. Mai 1949 trat das Grundgesetz in Kraft. Zu diesem Zeitpunkt herrschte bereits die von Erhard dekretierte Marktwirtschaft als neue Wirtschaftsordnung. Erhard sagte später, die Einführung der Marktwirtschaft wäre ihm in einem parlamentarischen Abstimmungsprozeß nicht gelungen. Nur mit den Besatzungsmächten im Rücken konnte er seine wirtschaftlichen Ideen durchsetzen. Sein Hauptopponent, der sozialdemokratische Wirtschaftspolitiker Professor Dr. Erich Nölting, sah in der Marktwirtschaft noch im Jahre 1951 nicht nur eine ernste Gefahr für Deutschland, sondern auch den sicheren Weg in Armut und Arbeitslosigkeit. Die Mehrzahl der Wirtschaftsprofessoren opponierte damals gegen Erhard. Vielleicht ist es unter diesen Umständen nicht unberechtigt, an der Urteils- und Prognosefähigkeit von Professoren und an ihren Rezepten zur Belebung der Wirtschaft generell Zweifel zu hegen. Gegenwärtig mehr denn je, weil Deutschland zwar auch vor einem quantitativen, aber in erster Linie vor einem politisch erzeugten qualitativen Problem (Unternehmer) steht. Nicht die rechtliche Verfassung, sondern die geistige Verfassung ist die Grundlage einer Gesellschaft.

Kehren wir zurück zum 19. Jahrhundert. Die nördlichen deutschen Staaten hatten sich 1834 dem preußischen Zollsystem angeschlossen. Jetzt erst konnte sich die industrielle Entwicklung in Deutschland ohne Zollschranken frei entfalten. Der Deutsche Zollverein von 1834 war die Vorstufe für die Einigung Deutschlands unter preußischer Führung, die Vorstufe zum Aufstieg Deutschlands zur ersten Wirtschafts- und Wissenschaftsnation in der Welt.

Nach der Gründung des Zollvereins mußte Preußen drei sogenannte Einigungs- oder Einheitskriege führen: 1864 gegen Dänemark, 1866 gegen Österreich, 1870/71 gegen Frankreich.

Obwohl Frankreich vom Krieg Österreich gegen Preußen nicht unmittelbar betroffen war, riefen nach dem Sieg Preußens die Franzosen vom äußersten linken bis zum äußersten rechten Flügel „Revanche pour Sadowa", „Rache für Sadowa". Sadowa war die französische Bezeichnung für Königgrätz, die entscheidende Schlacht für die Niederlage Österreichs. Die anschließende Gründung des Norddeutschen Bundes durch Preußen empfanden die Franzosen als nationale Niederlage. Sie fürchteten durch eine deutsche Einheit um ihre Hegemonie in Europa. „Alle Fürsten, deren Größe und Macht ihnen zum Schaden gereichen konnte, sind uneinig. Es ist für Frankreich nur nötig, das Feuer der Zwietracht bei den anderen Staaten nicht erlöschen zu lassen, sondern es vielmehr anzufachen" (Friedrich als Kronprinz 1738). Kein Staat in Europa hatte mit einem Sieg Preußens über Österreich gerechnet. Trotzdem wollte sich Frankreich seine Neutralität im Konfliktfall teuer bezahlen lassen. Auch wenn sich Preußen mit Andeutungen begnügte, sich keine Zusagen entlocken ließ, forderte Napoleon III. von Bismarck die Unterstützung für die Abtretung des Saarlandes, der Rheinpfalz, der linksrheinischen Gebiete, von Rheinhessen, von Mainz, Köln, Trier, Worms, Speyer und Aachen sowie die Abtretung von Luxemburg, Kleve, Geldern, Jülich, Zweibrücken, Sponheim und Saarbrücken.

In einem Aufsatz vom Jahre 1948 schrieb der jüdischamerikanische Historiker Hans Rothfels: „Der den Deutschen unterstellte ständige ‚Drang nach Osten' klinge aus dem Munde von seriösen Historikern merkwürdig. Wenn je in den Jahrhunderten ein Drang nach dem Osten zu verspüren war, dann zweifellos bei den Franzosen. Gleichzeitig wäre es angebracht, bei den Russen von einem ständigen Drang nach Westen zu sprechen." Jacob Burckhardt, der bekannte schweizerische Geschichtsphilosoph (1818–1897), meinte: „Mit der Zeit wird der Gewaltsinn eine natürliche Funktion des französischen Geistes. Die Eroberungssucht der Franzosen steckt die anderen an, sich um jeden Preis zu vergrößern."

Auch die Russen intervenierten über diplomatische Kanäle in London und Paris gegen den Norddeutschen Bund. England verhielt sich abwartend. Man sah in der Stärkung Deutschlands zunächst ein erwünschtes Gegengewicht gegenüber Frankreich und Rußland.

Die außenpolitische Gefährdungslage hatte sich bis zur Gründung des neuen Deutschen Reiches im Jahre 1871 und auch danach nicht geändert. Hierauf beruhte die Furcht Bismarcks vor einer feindlichen Einkreisung.

Innenpolitisch fühlte die Regierung ebenfalls Unsicherheit und Furcht. Obwohl die deutsche Bevölkerung in ihrer Gesamtheit die deutsche Einigung begrüßt hatte und sie zu Recht als die Erfüllung eines langersehnten Wunsches ansah, stand Bismarck als Schöpfer der Einheit vor gewaltigen Aufgaben. Deutschland war noch längst nicht konsolidiert. Die Deutschen mußten sich erst noch an das einheitliche Deutschland und an die ungewohnte Gemeinsamkeit gewöhnen. Einige der 25 Länder und Städte, aus denen das neue „Deutsche Reich" bestand, hatten 1866 im österreichisch-preußischen Krieg, also nur wenige Jahre zuvor, noch gegeneinander gekämpft. Dieser Gewöhnung standen neben den landsmannschaftlichen Gegensätzen auch Antagonismen von Protestanten, Katholiken und Polen entgegen. Außer der mentalen Einigung des Volkes kam mit voller Wucht die Industrialisierung des Landes auf den neuen Staat zu. Sie bedeutete den teilweisen Abschied von der Agrargesellschaft. Dieser Abschied war mit einer fundamentalen Veränderung des Lebensgefühls verbunden. Denn der Industrialisierung folgte eine massive Landflucht in die Städte. Den Menschen ging die „Nestwärme" ihres Dorfes verloren. Man sprach von der Urbanisierung des Landes. Jeder zweite Deutsche lebte nicht mehr an seinem Geburtsort. Belastet wurde diese Lage noch zusätzlich durch die sich gegenseitig bekämpfenden und zu keinem politischen Kompromiß fähigen Parteien: Sozialisten, Liberale, Katholiken (Zentrum) und Konservative. Die Parteien waren nicht nur regierungsunfähig, sondern auch regierungsunwillig (Winfried Baumgart).

Endlich wurde diese Entwicklung noch weiter erschwert durch eine dramatische Bevölkerungszunahme. Im Zeitraum von 1871 bis 1914 wuchs die Bevölkerung von 40 Millionen auf 67 Millionen Menschen, das heißt innerhalb von 43 Jahren kamen im Durchschnitt *jährlich* 600.000 Menschen durch Geburtenüberschüsse hinzu. 2/3 der Bevölkerung waren im Alter von 30 Jahren und darunter. Das preußisch-deutsche Kaiserreich hatte eine extrem junge Bevölkerung, die nicht nur eine Schulbildung erwartete, sondern auch Arbeit und Wohnung. Für diese Bevölkerungsentwicklung war nicht nur die Geburtenhäufigkeit, sondern auch eine schnellere Generationsfolge verantwortlich. Es war keine Seltenheit, daß Frauen mit 60 Jahren bereits Urgroßmütter waren. „Wir leben in einem Übergangszustand", sagte der Kaiser im Jahre 1892, „Deutschland wächst allmählich aus den Kinderschuhen heraus, um in das Jünglingsalter einzutreten". Aus diesem Satz wird sichtbar, daß dem Kaiser die Dramatik der Entwicklung durchaus bewußt war.

Der preußische Rechts- und Wirtschaftsstaat gewährte seinen Bürgern völlige Freiheit in ihrer Lebensgestaltung, wozu die Wahl des Wohnsitzes, die Berufswahl und die Unternehmerfreiheit gehörten. Ausländische, besonders diejenigen aus den USA, und viele deutsche Historiker behaupteten nach dem Ende des Zweiten Weltkrieges, Deutschland habe unter einem mangelnden Liberalismus gelitten und sei daran 1918 zugrunde gegangen. Was diese Prediger unter Liberalismus verstanden, haben sie nicht erläutert. Sie konnten es auch nicht, denn ihre Thesen gehörten zur Umerziehungspropaganda. Nach den Grundregeln der Propaganda sind stets nur Schlagworte zu verwenden, ohne sie inhaltlich zu erklären. Wie es der Altmeister der Massenbeeinflussung, der französische Arzt Le Bon schon Ende des 19. Jahrhunderts analysierte, sind zum Propagandaerfolg Schlagworte ohne Begründung wieder und wieder zu wiederholen, bis sie geglaubt werden. Und sie werden von der einfältigen Bevölkerung in der Regel geglaubt. Auf dieser Wiederholung beruhte der Erfolg der berühmtesten Schlagworte der französischen Revolution: „Freiheit, Gleichheit, Brüderlichkeit". Millionen Menschen sind ihnen bis zur Selbstaufopferung gefolgt. Zum Anfang des 21. Jahrhunderts heißt das meistverwendete Schlagwort „Soziale Gerechtigkeit"; wegen seiner Unbestimmtheit eignet es sich hervorragend zur demagogischen Massenbeeinflussung. Je einfältiger die Diskussionsteilnehmer sind, desto häufiger benutzen sie es.

Mit dem Schlagwort „Soziale Gerechtigkeit" lassen sich Argumente ersparen.

Preußen hatte im Jahre 1871 bei 40 Mio. Einwohnern in Deutschland nur 420.000 Beamte, die außerdem mitzuständig für die Verwaltung des Deutschen Reiches waren. Die Bundesrepublik Deutschland braucht bei 81 Mio. Einwohnern insgesamt 5 Mio. öffentlich Bedienstete, daher proportional rund 4 Mio. mehr als Preußen. Ist die damit zusammenhängende hohe Besteuerung der arbeitenden Bevölkerung „sozial gerecht"? Ist der schon nach kurzer Zugehörigkeit zum Parlament erworbene Ruhegeldanspruch eines Abgeordneten im Vergleich zu dem Ruhegeld eines Arbeitnehmers nach 40 Jahren Arbeitszeit „sozial gerecht"? Das Triummulierat des öffentlich-rechtlichen Fernsehens (Christiansen, Illner, Maischberger) läßt die Angemessenheit von Managergehältern diskutieren (obwohl diese Frage volkswirtschaftlich völlig unbedeutend ist), aber nicht die ungeheure Belastung der deutschen Volkswirtschaft durch den Staat. Diesen drei weiblichen Lichtgestalten des deutschen Fernsehens werden von ihren linken Souffleuren Themen vorgeschrieben, von denen alle drei wenig oder keine Ahnung haben. Trotzdem moderieren sie lustig und flott drauf los. Millionen von Zuschauern (auch Unternehmer unter ihnen) lauschen mit Andacht, obwohl das „Durcheinandergequassel" weder Inhalt noch Ergebnis vermittelt.

Der Preuße Immanuel Kant aus Königsberg (1724–1804) wird von der internationalen Wissenschaft als der bedeutendste Philosoph der neueren Zeit eingeschätzt. Dieser

Philosoph mit seinen umwälzenden und eigenwilligen Gedanken wurde im friderizianischen Staat nicht nur geduldet, sondern sogar gefördert. Kant distanzierte sich von dem Herdentrieb der Menge und verurteilte „den Troß der Nachbeter". Er übernahm die Forderung des berühmten römischen Dichters Horaz: „Sapere aude" und übersetzte diesen Ausspruch mit den Worten: „Habe den Mut zum eigenen Urteil". Immanuel Kant schrieb: „Faulheit ist die Ursache, warum ein so großer Teil der Menschen zeitlebens unmündig bleibt, und warum es anderen so leicht wird, sich zu deren Vormündern aufzuwerfen. Es ist so bequem, unmündig zu sein. Habe ich ein Buch, das für mich Verstand hat, einen Seelsorger, der für mich Gewissen hat, einen Arzt, der für mich die Diät beurteilt, so brauche ich mich nicht selbst zu bemühen. Ich habe es nicht nötig zu denken. Andere werden das verdrießliche Geschäft schon für mich übernehmen. Jene Vormünder, die die Oberaufsicht über die Unmündigen übernommen haben, gestatten keinen Schritt außerhalb des Gängelwagens, in den sie die Unmündigen einsperren. Sie zeigen Ihnen die Gefahr, die ihnen drohet, wenn sie es versuchen sollten, allein zu gehen. Es ist für jeden einzelnen Menschen schwer, sich aus der ihm zur Natur gewordenen Unmündigkeit herauszuarbeiten." Setzen wir für Vormünder, Oberaufsicht und Gängelwagen: Politik, Fernsehen, Presse und Geschichtsbücher, dann können wir diese Definition von der Aufklärung durch den Preußen Kant nahtlos auf die heutigen Zustände übertragen.

Auch die vom Bundesrechnungshof bei der Verwaltung aufgedeckten Milliardenverluste werden von der Politik und im öffentlich-rechtlichen (staatlichen) Fernsehen kaum zur Kenntnis genommen, ebensowenig die zahlreichen Einsparungsempfehlungen des Rechnungshofs.

Zu den im Deutschen Kaiserreich unerfüllt gebliebenen liberalen Forderungen wird auch die angeblich nicht verwirklichte lokale Selbstverwaltung gerechnet. Es gehört leider zu den Attributen politisch argumentierender Historiker, daß sie von Recht wenig und von der Wirtschaft fast gar nichts verstehen. Die Mehrheit der deutschen Bevölkerung lebte von der Freiheit der unternehmerischen Tätigkeit. Das soll nicht liberal gewesen sein? Man sollte etwas von Wirtschaft verstehen, wenn man dem Kaiserreich mangelnde Liberalität vorwirft. Und die lokale Selbstverwaltung in Preußen? Sie war vorbildlich. Führende englische Politiker besuchten vor dem Ersten Weltkrieg Berlin, um sich Kenntnisse von dieser Selbstverwaltung zu verschaffen. Bismarck hatte den Liberalen Rudolf Gneist mit der Ausarbeitung der gesetzlichen Voraussetzungen für die Gemeindeordnung beauftragt. Schon die Auswahl Rudolf Gneists, eines „liberalen" Gegners von Bismarck, zeigt die hohe liberale Kultur Preußens.

Daß sich diese Selbstverwaltung nicht zur reinen Freude Bismarcks entwickelt hat, ergibt eine Bemerkung in seinem Buch „Erinnerung und Gedanke": „Wir hatten gehofft, daß durch die Einführung der lokalen Selbstverwaltung die Staatsbehörden an Beamten entbürdet werden; aber im Gegenteile, die Zahl der Beamten und die Geschäftslast sind durch die Correspondenzen mit den Organen der Selbstverwaltung erheblich gesteigert worden. Es muß früher oder später der Wunde Punkt eintreten, wo wir von der Last der Schreiberei und der unteren Bürokratie erdrückt werden."

Im heutigen Zeitalter der Regulierungswut von Demokraten sowie der Bevormundung und Pressionen durch Interessengruppen und deren Demagogen, auch der unzähligen Denkgebote und Denkverbote, läßt sich der Umfang der persönlichen Freiheit, der sich der einzelne in Preußen erfreuen konnte, nicht mehr vorstellen, zumal wenn man die unseligen und unqualifizierten Sprüche von Soziologen und Historikern im Ohr hat vom Obrigkeitsstaat, von Militarismus und von der autoritären Verformung des Lebens, wie sich Wolfgang J. Mommsen ausdrückte. Die amerikanische Historikerin Professor Margaret Lavinia Anderson widerlegte vor einigen Jahren mit ihrer gründlichen und vergleichenden Untersuchung das einseitige Bild vieler deutscher Historiker vom Kaiserreich. Es hatte eine lebendige politische Kultur mit einer Mitwirkung der Bürger in der lokalen Selbstverwaltung, die den Vergleichsländern England, Frankreich und den USA sogar überlegen war. Diese Form der demokratischen Mitwirkung ist nicht mit Parlamentarismus zu verwechseln. In seiner Besprechung dieses Buches schrieb Professor Gerhard A. Ritter aus München, das Buch enthalte eine Fülle von neuen Einsichten, es zu lesen sei daher ein Muß für jeden Historiker, der sich mit dem Kaiserreich beschäftige.

Wir sollten einen Augenblick innehalten. Trotz dieser außenpolitisch angespannten Lage und trotz beträchtlicher sozialer Veränderungen im Inneren des Landes hatte Preußen den Mut, sich nicht nur für ein freiheitliches und liberales Wirtschaftssystem und damit für die Selbständigkeit und Ungebundenheit der Unternehmer zu entscheiden, sondern das Wohl des Staates ohne Einschränkung dem Leistungswillen und den Fähigkeiten der einzelnen Menschen anzuvertrauen. Insofern ähnelte die damalige Lage durchaus der vom Jahre 1948.

Sieht so eine obrigkeitliche Gängelung der Bürger aus, ihre autoritäre Verformung?

Die Einführung der Marktwirtschaft allein reichte natürlich für den Erfolg der Wirtschaft nicht aus. Die Menschen mußten bestimmte Eigenschaften besitzen, um die ihnen gebotenen Chancen nutzen zu können. Bildung, Disziplin, Gemeinsinn und Mut zur Eigenständigkeit dürften nach unseren heutigen Erfahrungen auch schon damals zu den wichtigsten Voraussetzungen einer erfolgreichen Wirtschaft gehört haben.

3.

Der geschichtliche Vergleich zum Verständnis der Gegenwart

Können wir die damaligen Erfahrungen für uns heute nutzen? „Es gibt kein besseres Mittel, sich eine richtige und genaue Vorstellung von den Weltbegebenheiten zu machen, als sie durch Vergleichungen zu beurteilen, Beispiele aus der Geschichte zu wählen" (Friedrich der Große noch als Kronprinz). Es war, wie der Kölner Historiker Kunisch es ausdrückt, die Überzeugung Friedrichs des Großen, daß die Geschichte die Aufgabe habe, die Normen praktischen Verhaltens exemplarisch vorzuführen. Es wäre die pädagogische Funktion der Geschichte. In diesem Sinne sollten wir auch heute ohne Scheu die Gründe für die außergewöhnliche Wirtschaftsentwicklung des preußisch-deutschen Kaiserreichs zur Kenntnis nehmen. Politiker sollten nicht in den Fehler verfallen, die für die gegenwärtige Politik so außerordentlich unangenehmen Wahrheiten mit dem Argument beiseite zu schieben, die Verhältnisse ließen sich nicht vergleichen. Das Gegenteil ist der Fall. Sie sind vergleichbar und müssen daher verglichen werden, um zu wissen, was heute falsch gemacht wird. Beispiel Berlin: Es wurde 1913 bei 2,2 Millionen Einwohnern von 20.000 Beamten regiert (nicht 150.000 wie in der Gegenwart). Davon waren 10.000 ehrenamtlich tätig. Was wurde von diesen wenigen Beamten alles erledigt: Unzählige Schul- und Regierungsbauten, Museen,

U-Bahn-Bau, Stadtbahn-Bau, Elektrizitätswerke, öffentliche Schwimmbäder, Krankenhäuser (die Weltmaßstäbe setzten), Verteilernetze des elektrischen Stroms, Telefon, Straßenbau, Eisenbahnbau, Verkehrsregelungen für das neue Automobil wurden betreut. Eine bewundernswerte Leistung, zumal wenn man bedenkt, daß fast alle Einrichtungen ohne Vorbild waren. Was haben die Menschen in so kurzer Zeit zustande gebracht! Das erste Wirtschaftswunder! Deutsche Einigung, eine einheitliche Währung, ein einheitliches Schienennetz, einheitliche Maße und Gewichte, ein einheitliches Rechtssystem, vorbildliche Sozial- und Arbeitsgesetze, vorbildliche medizinische Versorgung der Bevölkerung – bewundernswürdige Leistungen in so kurzer Zeit.

Trotz des enormen Zuwachses an jungen Menschen betrug die durchschnittliche Arbeitslosigkeit von 1871–1914 nur 2%. Es war die niedrigste Arbeitslosigkeit in Europa. Jedes Jahr entstanden im Durchschnitt 380.000 neue Arbeitsplätze. Das ist auch nach gegenwärtigen Maßstäben eine erstaunliche Leistung, zumal damals mit der Goldwährung eine heute nicht mehr bekannte Geldwertstabilität herrschte. Wenn ein bekannter deutscher Historiker in seinem voluminösen Werk über das Kaiserreich von einer 20prozentigen Geldentwertung spricht, statt für den fraglichen Zeitraum die jährliche Inflationsrate mit 0,48% anzugeben, dann zeigt das entweder seine Unkenntnis von Zinseszinsrechnung oder, was noch wahrscheinlicher ist, die Absicht zu einer politisch-ideologisch erwünschten Darstellung. Die Bundesrepublik Deutschland hatte in einem gleichen Zeitraum, nämlich von 38 Jahren, gemeint

sind die Jahre von 1962–2000, eine jährliche Inflationsrate von 3,14%. Im Vergleich dazu sind 0,48% pro Jahr
eine wirtschaftlich zu vernachlässigende Größenordnung.
Auch die Frage der Staatsverschuldung wird aus politischen Gründen von Historikern bewußt undeutlich oder
sogar falsch dargestellt. Ein besonders treffendes Beispiel
ist der deutsche Flottenbau. Wenn Historiker (oder nach-
plappernde Politiker) hierüber fabulieren, weisen sie re-
gelmäßig darauf hin, daß die kaiserliche Regierung diesen „unverantwortlichen" Flottenbau mit einer ebenso
unverantwortlichen Staatsverschuldung finanziert habe.
Auch in dieser Hinsicht stehen die Fakten dagegen.

Pro Kopf der Bevölkerung hatte Deutschland im Kaiserreich mit Abstand die geringste Staatsverschuldung in
Europa (vgl. Anhang). Umgerechnet nach Kaufkraft und
Preisindex betrug die echte Staatsverschuldung im Jahre
1912 pro Einwohner 1.603 Euro. Die gegenwärtige Staatsschuld (ohne die stillen Schulden) beträgt dagegen 1,4 Billionen oder 16.585 Euro pro Einwohner, ist also über 10
mal so hoch. Und diese hohe Staatsverschuldung (die Pen-
sionsverpflichtungen gegenüber den Beamten nicht mit-
gerechnet) wird heute von einer extrem hohen Steuerbelastung begleitet und stellt sich dadurch noch belastender
für die Wirtschaft dar. Die Steuer pro Kopf in der Bundesrepublik Deutschland beträgt etwa das 20fache der durchschnittlichen Steuer des Jahres 1912. In runden Zahlen:
500 Euro im Jahre 1912 gegenüber 10.000 Euro im Jahre
2004. Der durchschnittliche Steuersatz im Kaiserreich
betrug zwischen 4% und 6%. Es hat trotzdem immer wieder ernsthafte Bemühungen gegeben, wir wissen das aus

den Protokollen des Reichstags, die geringe Staatsverschuldung durch staatliche Einsparungen zu reduzieren.
Heute wird nur noch über die Höhe der jeweiligen Neuverschuldung gesprochen.

Der heutige Staatsanteil beträgt bei Staatsausgaben von
über 1,1 Billionen Euro rund 50%. Im Kaiserreich dagegen lag der Staatsanteil bei 14%. Der Internationale Wäh-
rungsfonds (IWF) hält einen Staatsanteil von 30% für ein
gut regiertes Land für angemessen. Das deutsche Brutto-
inlandsprodukt beträgt rund 2,2 Billionen Euro. 30% davon wären 660 Mrd. Euro. Die Bundesrepublik Deutschland hat demnach ein Sparpotential in den eigenen Ausgaben von rund 440 Mrd. Euro. Nun müssen nicht sofort
30% erreicht werden, aber wenn der Wille der Politiker zu
eigenen Einsparungen insgesamt fehlt, läßt sich das gegenwärtige Grundproblem Deutschlands auch nicht mit
3% Mehrwertsteuererhöhung, den Mautgebühren, der
Ich-AG oder den anderen sogenannten Reformen lösen.
Die Mentalität, vor allem die Schuldenmentalität, muß
sich grundlegend ändern, bei Politikern und bei allen
Bürgern. Alles andere hilft nicht weiter. „Wirtschaftsex-
perten", die aus konjunkturellen Gründen eine stärkere
Verschuldung bei Staat und Bürgern fordern, sollte entge-
gengehalten werden, daß diese Rezepte untauglich sind,
wie wir aus den Erfahrungen der Vergangenheit wissen.

4.

Bildung und Ausbildung als Grundlage einer erfolgreichen Marktwirtschaft

Ein gut ausgebildetes, fleißiges und diszipliniertes Volk eroberte sich nach der deutschen Einigung 1871 marktwirtschaftlich und im freien Wettbewerb die internationalen Märkte, die von den etablierten Mächten beansprucht und zu Unrecht als ihre ureigene Domäne betrachtet wurden. In den fortschrittlichen Zukunftstechniken wie Elektrizität, Chemie, Pharmazie, Optik, Maschinenbau und Feinmechanik hatte Deutschland dank seines hohen Bildungs- und Ausbildungsniveaus die Führung auf den Weltmärkten übernommen, ebenfalls in der Stahl- und Eisenerzeugung. Eine moderne Industrie erfordert auf allen Ebenen der Fertigung die gesamte Skala der qualifizierten Ausbildung vom Arbeiter über den Vorarbeiter, den Meister, den mittleren Ingenieur bis zum Diplomingenieur. Deutschland beherrschte 87% des Weltmarkts der Chemie und 70% der elektrischen Anwendungstechnik. Und damit sind wir bei der ersten Ursache der von allen bewunderten wirtschaftlichen Erfolge der Marktwirtschaft des Deutschen Reiches.

Am 28. September 1717 hatte Friedrich Wilhelm I. die allgemeine Schul- und Unterrichtspflicht in Preußen eingeführt. So wurde Preußen der erste Staat mit dem Anspruch auf allgemeine Volksbildung, weit vor Frankreich

(1880) und England (1884). Schon vorher, nämlich im Jahre 1695, hatte der pietistische Pfarrer August Hermann Francke in Glaucha bei Halle die berühmte Schule für Waisen und arme Kinder, die Franckeschen Stiftungen, gegründet. Die Schule genoß das Wohlwollen der preußischen Könige. Arme und auch reiche Kinder, diese allerdings gegen Schulgeld, erfuhren hier die beste Ausbildung und Erziehung. Neben Lesen, Schreiben und Rechnen war die Erziehung auf Eigenschaften wie Pünktlichkeit, Bescheidenheit, Eigenständigkeit, Menschlichkeit und Pflichterfüllung gerichtet. Das lateinische Wort „Sapere aude", habe den Mut zum eigenen Urteil, wie es Immanuel Kant übersetzt hat, war das Ziel der preußischen Erziehung, denn es führte zur Selbständigkeit im Handeln. Die Schüler der Franckeschen Stiftungen stellten bevorzugt den Nachwuchs der preußischen Beamten und Offiziere. Schon im Laufe des 18. Jahrhunderts verlangte Preußen von seinen Beamten und Offizieren Allgemeinbildung und womöglich ein auf der Universität erlangtes Fachwissen, außerdem Sparsamkeit, Ordnung und Fleiß.

Preußen wurde nicht nur der erste Verwaltungsstaat, sondern auch das Vorbild für viele europäische Staaten, es wurde für viele Länder Maßstab bei der Umgestaltung der eigenen Verwaltung. Das Bildungsniveau der preußischen Beamten wurde weltweit bewundert. Kein Staat in der Welt stellte so hohe Anforderungen an die geistige Leistungsfähigkeit seiner Beamten. Der erste Lehrstuhl für Kameralistik (Wirtschaftswissenschaften) wurde 1727 in Preußen eingerichtet. Der gebildete, sachkundige, sparsame und zur selbständigen Entscheidung fähige Mensch war das allgemeine Erziehungsziel in Preußen. Mit der Behauptung, in Preußen wären die Menschen zum Kadavergehorsam erzogen worden, fälschen die Sozialisten in demagogischer Absicht bewußt die preußisch-deutsche Geschichte. Von ungebildeten Politikern und Fernsehjournalisten wird diese Behauptung in öffentlichen Äußerungen leider immer wieder wiederholt. Stellvertretend für viele Fernsehsendungen dieser Art steht die Sendung des rbb (Rundfunk Berlin-Brandenburg) vom 10. April 2006: Redakteurin Geri Nasarski und Autor Jochen Trauptmann. Schon der Titel zeigt die sozialistische Denkungsart der beiden Verantwortlichen: „Preußen – Tugend oder Größenwahn? Wie man Untertanen erzieht." Es ist so typisch für die Qualität von Sendungen mit historischen Themen: ohne geschichtliche Kenntnis wird Ideologie verbreitet, und zwar mit dem Geld derjenigen, die sich ebenfalls aus Unkenntnis nicht wehren können. „Das großdeutsche Kaiserreich ... ein einziger Exerzierplatz ... von 40 Millionen Zwangsvereinigten". Diese Formulierung aus dem Drehbuch von Trauptmann widerspricht zweierlei: Erstens, die Einigung 1871 entsprang nicht einem Zwang, sondern entsprach dem Wunsch der Mehrheit der Bevölkerung. Und zweitens, historisch führte 1871 nicht zur großdeutschen, sondern zur kleindeutschen Lösung. Denn Österreich blieb ausgeschlossen. Das gesamte Drehbuch ist ein demagogisches Machwerk eines Sozialisten. Eine solche Sendung verletzt die neutrale Berichterstattungspflicht, auf die sich unsere steuerfinanzierten staatlichen Fernsehanstalten oft und gern berufen (Zwangsabgaben sind Steuern).

Die allgemeine Bildung in Preußen verfolgte außerdem den Zweck, das Staatsbewußtsein, das Denken und Handeln im Interesse des „gemeinen Wohls" zu stärken. Die christliche Sitten- und Morallehre besaß ebenso höchsten staatserzieherischen Wert. Fachkunde wiederum wurde zum ersten Mal und systematisch im Realienunterricht der Franckeschen Stiftungen in Halle gelehrt. Die Art des Unterrichts entsprach weitgehend dem heutigen Werkunterricht. Auch auf diesem Gebiet läßt sich eine kontinuierliche Weiterentwicklung in Preußen verfolgen bis zum weltweit bewunderten Facharbeiter und bis zur naturwissenschaftlichen Spitzenstellung in der Welt. In der Erziehung zur Leistungsfähigkeit lag die Forderung nach Mut und Fähigkeit zur eigenständigen Entscheidung. Es bestand allgemein die Erwartung, sich nicht feige vor einer Entscheidung zu drücken, die Verantwortung für das Handeln selbst zu übernehmen und sie nicht auf Gremien oder Untergebene abzuwälzen. Hieraus erwuchs die noch heute weltweit bewunderte sogenannte „Auftragstaktik" in der preußischen Armee. Aber auch die große Zahl erfolgreicher Unternehmer war die Folge dieser Erziehung. Nicht der von der Politik gesetzlich gegängelte und von den Gewerkschaften „mitbestimmte", nicht der im „Kadavergehorsam" aufgewachsene, sondern der eigenständig handelnde Unternehmer bildete die Grundlage der erfolgreichen Marktwirtschaft in Preußen.

Wenn im Jahre 2003 und in den Jahren davor und danach 30% der Studenten sogenannte Abbrecher waren, wenn etwa 20% der Schüler für eine Berufsausbildung nicht fähig (und vielleicht nicht willens) sind, dann drückt sich darin eine verheerende Mittelvergeudung aus. Fachleute schätzen die Höhe der unzureichend eingesetzten Mittel allein in den Bildungseinrichtungen auf mindestens 25 Milliarden Euro. Schulen und Universitäten der Bundesrepublik Deutschland sollten dem Beispiel der preußischen Bildungspolitik folgen.

Ministerialdirektor Professor Dr. Friedrich Theodor Althoff war der Leiter des Universitätsreferats in der zweiten Abteilung des preußischen Kultusministeriums und damit unmittelbar verantwortlich für Preußen und mittelbar verantwortlich für die anderen Länder des Deutschen Reiches. Er und nur 34 Beamte waren zuständig für

Universitäten
Technische Hochschulen
Höheres Schulwesen
Wissenschaftliche Anstalten
Bibliotheken
Akademien
Museen
Kunsthochschulen
Sternwarte
Botanischer Garten in Berlin
Meteorologisches Institut
Astrophysikalisches Observatorium
Handelshochschulen.

Die Vossische Zeitung schrieb in seinem Todesjahr 1908, Althoff sei der Bismarck des preußischen Bildungs- und Hochschulwesen gewesen.

In der Bundesrepublik Deutschland sind für die gleichen Aufgabengebiete 28 Bundes- und Landesminister, mindestens 38 Staatssekretäre und 130.000 öffentlich Bedienstete, wovon wiederum ein großer Teil zu den höheren Beamten zu zählen ist, zuständig. Außerdem mischen sich noch Gremien, Parteien, Gewerkschaften und Sonderparteitage in die Zuständigkeiten ein. Auch hier wieder vordringlich die Gewerkschaft (GEW) mit einer besonders verheerenden Auswirkung auf Bildung und Ausbildung. Aus diesem Entscheidungsmischmasch kann nichts Vernünftiges herauskommen. Friedrich der Große äußerte sich zu den Entscheidungskompetenzen: „Ein klarer Kopf erfaßt mit Leichtigkeit den springenden Punkt einer Frage (und kann danach entscheiden). Diese Methode ist den Ministerräten vorzuziehen, weil es keine großen Versammlungen gibt, aus denen weise Meinungen hervorgehen."

Warum folgt die uneffektive Schulpolitik der Bundesrepublik nicht dem preußischen Vorbild und überträgt den Schulen mehr Selbständigkeit? Sieben von zehn Ländern in der OECD folgen der preußischen Regel. In diesen Ländern entscheiden nicht die „Schulämter" über die Einstellung von Lehrkräften, sondern die eigenverantwortlichen Schulen. In Preußen handelte der Schulleiter selbständig und verantwortlich. Er war nicht von Mehrheitsentscheidungen der Lehrerversammlungen abhängig. Heute werden die Schulen in Deutschland nicht einmal bei der Einstellung von Lehrkräften gefragt. Mit der Änderung dieser Politik könnten mindestens 80.000 öffentlich Bedienstete und rund 8 Milliarden Euro eingespart werden. Außerdem würde die Leistungsfähigkeit der Schulen gesteigert und das Bildungsniveau insgesamt beträchtlich angehoben werden. Abbau von Bürokratie!

Professor Dr. Hans Maier, 16 Jahre Unterrichts- und Kultusminister in Bayern, sagte zu diesem Thema im April 2003: „Bis in die sechziger Jahre konnte das geltende Schulrecht (aus der preußischen Schulkonferenz von 1900 stammend!) noch in einem schmalen Band zusammengefaßt werden. Heute braucht man für das Schulrecht der Bundesrepublik Deutschland Bücher von mehreren Metern im Regal." Doch auch er konnte an diesem Zustand in Bayern nichts ändern.

Letzten Endes sind für die Bildungsmisere in Deutschland und die dadurch vergeudeten Mittel die „Zaunkönige" (Adenauer) oder die Gernegroßen der Bundesrepublik zuständig: es sind dies die 16 Ministerpräsidenten. Mit ihrer Bildungszuständigkeit rechtfertigen sie ihre überflüssige Existenz. Die Kultusminister (Bildungsminister) der Länder sind sozusagen die letzten „Lordsiegelbewahrer" der Ministerpräsidenten, deren Vorhandensein zu den kostspieligsten und daher dringend abzuschaffenden Einrichtungen der Bundesrepublik gehört. Sie sollten im Interesse der finanziellen Existenzfähigkeit der Republik bis auf höchstens 4 Länder reduziert werden. Die möglichen Einsparungen betragen rund 80 Milliarden Euro.

Die Bedeutung der Universität Halle und der Franckeschen Stiftungen für das preußische Bildungssystem, für die Beachtung der sozialen Verantwortung und letztlich

für die Entstehung der bekannten preußischen Eigenschaften (Tugenden) kann nicht hoch genug eingeschätzt
werden.

In den Naturwissenschaften besaß Deutschland bis 1920
mehr Nobelpreisträger (20) als England (8), Frankreich
(7) und die USA (2) zusammen. Auch das ein Zeichen für
die überragende wissenschaftliche Stellung Deutschlands
in der Welt.

Im Jahre 1911 gab es in Preußen-Deutschland bei 65 Mio.
Einwohnern 11.350.000 Schüler und 234.923 Lehrkräfte.
Das Bildungsniveau war hoch, die Analphabetenquote
gering.

Heute hat die Bundesrepublik Deutschland bei 82 Mio.
Einwohnern nur noch 8.670.000 Schüler, aber 545.284
Lehrkräfte.

Was Hänschen nicht lernt, lernt Hans nimmermehr. Das
gilt besonders für die erzieherisch notwendige Disziplin
an den Schulen. Das gegenwärtige Bildungsniveau in
Deutschland ist dramatisch gesunken, die sogenannte
Pisa-Studie beweist es. Für das schlechte Abschneiden
deutscher Schulen werden unter anderem auch die angeblich mit Schülern überfüllten Klassen verantwortlich gemacht. Dem widerspricht eine in England in den siebziger
Jahren durchgeführte Untersuchung. Nicht die Schüler-
zahl, sondern die Lehrerpersönlichkeit und die Disziplin
unter den Schülern geben den Ausschlag für das Bildungsniveau der Heranwachsenden.

5.

Die Verwaltung als Ursache für wirtschaftlichen Erfolg

Neben Bildung, Ausbildung und Wissenschaft gab es eine weitere Ursache für den einmaligen wirtschaftlichen Erfolg des preußisch-deutschen Kaiserreichs. Reichskanzler Otto von Bismarck machte die preußische Verwaltung zum tragenden Unterbau des neuen Deutschen Reiches, das preußische Staatsministerium zum eigentlichen Regierungsapparat. Eine gute Verwaltung ist die beste Verfassung, sagte der schweizerische Staatsrechtler Fritz Fleiner. Der bekannte deutsche Staatsrechtler Theodor Eschenburg meinte, Rechtsstaatlichkeit sei wichtiger als Parlamentarismus. Beide hatten recht. Der Regierungsapparat war in der Gesetzgebung abhängig vom Reichstag, der, ebenfalls nach dem Willen von Bismarck, mit dem freiheitlichsten Wahlrecht in Europa, dem allgemeinen, gleichen und geheimen Wahlrecht, gewählt wurde. Der preußisch-deutsche Beamtenkörper bestand aus 420.000 preußischen und 180.000 Beamten der anderen Länder, insgesamt also höchstens aus 600.000 Beamten. Hiervon waren nach Schätzung Professor Dr. Otto Hintzes in seinem berühmten Vortrag, den er im Jahre 1911 in Dresden über das preußische Beamtentum gehalten hatte, rund 50.000 Beamte, die dem höheren Dienst angehörten. Der höhere Dienst begann, daran hat sich bis heute nichts geändert, beim Regierungsassessor und endete beim Staatssekretär. Heute beschäftigt der Staat über 4,6 Millionen Bedienstete einschließlich der Beamten und davon allein im höheren Dienst 700.000 Personen. Mit anderen Worten: wir haben in der Bundesrepublik Deutschland im höheren Dienst mehr Beschäftigte als die gesamte preußisch-deutsche Bürokratie. Besäßen unsere Parteipolitiker einen ernsthaften Sparwillen, nicht nur bei anderen, sondern in erster Linie bei sich selbst, könnten auf diesem Gebiet viele Milliarden eingespart werden. Man muß es nur wollen.

Gegen die Senkung der Staatskosten und gegen den Abbau des öffentlichen Dienstes wird häufig eingewendet, daß sich die Arbeitslosigkeit dadurch noch mehr erhöhen würde. Hierbei wird gleichzeitig die Frage gestellt, wo die „abgebauten" Menschen denn Arbeit finden sollten. Der Einwand ist ebenso einfältig, wie die Antwort einfach ist. Durch die Reduzierung der konsumtiven Ausgaben, besonders durch den Personalabbau, gewänne der Staat einen Teil seiner Investitionsfähigkeit zurück. Öffentliche Investitionen machten im Jahr 2005 mit 28 Milliarden Euro nur knapp 8% der gesamten gewerblichen Investitionen aus. Bei einem Anteil des Staates an den wirtschaftlichen Leistungen von fast 50% ist diese Investitionssumme volkswirtschaftlich völlig ungenügend. Um eine Verlagerung der Beschäftigung auf produktive Bereiche kommt man aus Gründen des wirtschaftlichen Wachstums nicht herum. Wer die Arbeitslosigkeit abbauen will, muß diesen Weg gehen. Es gibt hierzu keine Alternative. Außerdem ist mit dem Rückgang der deutschen Bevölkerung eine Verminderung des Angebots an geeigneten Arbeitskräften zu erwarten. Die Prognosen für Facharbeiter und Ingenieure sieht schon jetzt einen eklatanten Mangel voraus. Will die Politik dieses Thema, ähnlich wie bei der längst bekannten Bevölkerungsentwicklung, wiederum verschlafen? Auch aus diesem Grund, nämlich zur Entlastung des Arbeitsmarktes, müssen die Parteien endlich beginnen, den Staatsmoloch einzudämmen und die öffentliche Beschäftigungszahl nachhaltig abzubauen. Die proportional überteuerte öffentliche Teilzeitarbeit ist vollständig abzuschaffen. Staatsdienst darf kein Ruhekissen sein nach dem Motto: „Nach mir die Sintflut, als öffentlich Bediensteter brauche ich mir um meinen Arbeitsplatz keine Sorgen zu machen." Bei den vielen hundert Bundesbediensteten, die schon am Donnerstag in subventionierten Flügen Berlin in Richtung Bonn verlassen, scheint diese Einstellung vorherrschend zu sein. Warum werden die Bundesbehörden nicht endlich zum Sitz der Bundesregierung verlegt? Parteifunktionäre fordern angesichts von Produktionsverlagerungen ins Ausland von der Wirtschaft Beachtung des „Allgemeinwohls", selbst denken sie aber nur an sich und ihre Wiederwahl. Es gibt in Deutschland zu wenige Vorbilder, zu wenige, die von sich im preußischen Geist sagen können: Patriae inserviendo consumor.

Trotz der fast unlösbaren Krise des Gesundheitssystems plant die Gesundheitsministerin, auch eine Sozialistin, einen Neubau in Bonn (nicht in Berlin) mit Baukosten von 30 Millionen Euro. Bei einem Umzug nach Berlin könnte die Ministerin unzählige Büroräume zu wesentlich günstigeren Konditionen anmieten und außerdem die Kommunikation unter den Ministern verbessern.

6.

Freie Unternehmertätigkeit in Preußen

Mit der freiheitlichen Wirtschaftsordnung Bismarcks und einer geringen Steuerbelastung konnten sich die Unternehmen in Preußen frei entfalten. „Im wirtschaftlichen Erfolg spiegelt sich die Freiheit des einzelnen in einem Staate wider", so sagte es schon Adam Smith, der berühmte englisch-schottische Nationalökonom im 18. Jahrhundert. Und ein anderer Engländer, nämlich Herbert Spencer, der bekannte Wirtschaftsdenker am Ende des 19. Jahrhunderts, hielt es sogar für ausgeschlossen, daß sich in einem obrigkeitlichen und militaristischen Staat eine erfolgreiche Wirtschaft entwickeln könnte. Er hatte recht.

Es gab im Jahre 1912 in Deutschland 14,9 Millionen selbständige Existenzen bei 65 Mio. Einwohnern.

23% der Bevölkerung waren somit eigenständig; rechnet man die Familien hinzu, die mithelfenden oder die Mütter mit Kindern, kommt man auf 60% der Bevölkerung, deren Lebensunterhalt von einer Unternehmertätigkeit im weitesten Sinne abhing. In der Bundesrepublik Deutschland dagegen sind heute nur rund 4,8 Mio. Menschen eigenständig oder 5,8% der Bevölkerung. Da die Familien heute im Durchschnitt kleiner sind, werden schätzungsweise höchstens 12% der Gesamtbevölkerung oder nur rund 10 Mio. von einer Unternehmertätigkeit abhängen. Kein Wunder, daß es angesichts dieser Situation der Mehrheit der Menschen im Kaiserreich bewußt war, daß und wie der Lebensunterhalt verdient werden muß, daß Streik und Protest nicht helfen, die Grundlagen des Lebensunterhalts zu verbessern. Professor Dr. Paul Kirchhof, ehemaliger Bundesverfassungsrichter, schreibt im Jahre 2006: „Die Garantie von Berufs- und Eigentümerfreiheit baut auf das Ideal eines Unternehmers, der sein Unternehmen selbst leitet und die Qualität seiner Leistung mit seinem Namen und seinem Vermögen verantwortet. Wer Ehe und Familie nicht erlebt, seine Gestaltungskraft für Familie und eigenes Haus nicht eingesetzt, seine berufliche Leistungskraft niemals außerhalb des fremdbestimmten Arbeitsplatzes genutzt hat, hat viele Gärten der Freiheit nicht betreten und damit seinen Freiheitsraum wesentlich verengt."

Die große Zahl der Abhängigen, die unsere gegenwärtige Wirtschaft kennzeichnen, hat keinen persönlichen Zugang mehr zu den Voraussetzungen ihrer Lebensgrundlage, es fehlt ihnen sozusagen das Fundamentalwissen von den Funktionen einer Wirtschaft. Das ist der Grund, warum sozialistische Demagogen von der Qualität eines Klunkers, Zwickels, Steinkühlers, Bsirskes, eines Sommers oder Peters so leichtes Spiel hatten und heute leider immer noch haben. Offenbar gegen eigene Absicht gelingt es dem Fernsehen glücklicherweise wieder und wieder, die ausdruckslosen Gesichter der protestierenden Menschen mit den roten Westen, den roten Mützen und den Trillerpfeifen auf dem Bild festzuhalten. Es ist das eindrucksvollste Anschauungsmaterial für die demagogische Beeinflußbarkeit von Menschen.

Leider haben sich Arbeiter bisher nur einmal den Forderungen der Gewerkschaftsfunktionäre widersetzt. In
Sachsen wollten die westdeutschen Funktionäre im Jahre
2003 die 35-Stunden-Woche durchsetzen. Die Arbeiter
folgten im Interesse ihres eigenen Arbeitsplatzes nicht,
lehnten einen Streik ab. Es war eine historische Niederlage der Gewerkschaft. Mit der Forderung, in einem der
strukturschwächsten Gebiete Deutschlands die weltweit
kürzeste Arbeitszeit durchzusetzen, hat die Gewerkschaft
ihre Verantwortungslosigkeit gegenüber den Menschen
erneut demonstriert. Hieraus wird deutlich, die Behauptung der Funktionäre, die Interessen der Arbeiter wahr-
zunehmen, ist in der Regel eine eklatante Fälschung. Sie
funktioniert nur so lange, wie die Arbeiter diese Bevormundung ertragen. Eine bessere Einsicht der Arbeiter
würde die demagogische Macht der sozialistischen Funktionäre zum allgemeinen Wohl der Wirtschaft begrenzen.

Die erstaunliche Vermehrung von Arbeitsplätzen, immer-
hin 380.000 jährlich, in der Zeit von 1871 bis 1914 war
neben anderen Gründen einer ausreichenden Eigenkapi-
talbildung der Betriebe zu verdanken. Das für die Leistungsfähigkeit eines Betriebes notwendige Eigenkapital
kann der Unternehmer nur bilden, wenn seine Kosten
moderat sind, das wiederum heißt niedrige Steuern und
betriebswirtschaftlich angemessene Löhne. Von dem Nutzen der jeweiligen Produktivitätssteigerung muß dem Unternehmer mindestens die Hälfte verbleiben, mehr wäre
besser – ein Erfolgsrezept damals und in den unmittelba-
ren Jahren nach dem Zweiten Weltkrieg. In der Gegenwart haben die Gewerkschaften dagegen jahrzehntelang

Lohnerhöhungen gefordert und durchgesetzt, die über den Produktivitätsanstieg hinausgingen (Statistisches Jahrbuch 2004, Seite 729). Zusätzlich hat der Staat die Steuerschraube angezogen. In Deutschland haben wir – im Weltvergleich – die kürzeste Arbeitszeit und die höchsten Lohnnebenkosten.

Diese Lasten haben unsere Betriebe ruinös geschwächt. Dafür bezahlt die Bundesrepublik Deutschland im Jahre 2006 mit einer hohen Arbeitslosigkeit. Die Unternehmen verfügen über zu wenig Eigenkapital. Sie verdienen zu wenig. Der Kapitalmangel treibt manche Unternehmer in die Fänge sogenannter „Heuschreckenfonds", mit deren Hilfe sie sich die fehlenden Eigenmittel zu beschaffen suchen. Gewerkschaften und Politiker klagen häufig über die Aktivitäten dieser Fonds, übersehen dabei aber zu leicht, daß die Ursachen hierfür von ihnen selbst geschaffen worden sind.

7.

Ohne Gewinn und Eigenkapital
keine Arbeitsplätze

Die Neiddebatte läßt den Unternehmern keine Luft. Was die Gewerkschaften als Profit diffamieren, reicht längst nicht für neue Arbeitsplätze. Nach einer Erhebung der Deutschen Bundesbank verfügen die deutschen Unternehmen im Durchschnitt nur über 20% der Bilanzsumme an eigenen Mitteln. Das ist zuwenig, zumal da der Gewinn ebenfalls viel zu gering ist. Er beträgt durchschnittlich nur 2,7% des Umsatzes und liegt damit erheblich unter dem europäischen Durchschnitt. Arbeitsplätze erfordern Investitionen. Bei dieser Eigenkapitallage und angesichts der geringen Gewinne lassen sich Investitionen für Arbeitsplätze nur über eine Kreditaufnahme finanzieren. Doch die deutschen Unternehmen klagen über eine Zurückhaltung der Banken bei der Kreditvergabe. Die Banken haben in den Aufbaujahren nach dem Kriegsende großzügig Kredite gewährt, von denen sie in den letzten Jahren viele als Verlust haben abschreiben müssen. Jetzt entdecken sie wieder die sogenannten goldenen Bankregeln. Danach ist die Höhe der Kreditvergabe nicht nur von den vermuteten Gewinnaussichten, sondern auch von statischen Maßstäben abhängig, d.h. vom Eigenkapital, von den erzielten Gewinnen und den Branchenaussichten. Staat und Wirtschaft werden sich daher an die Anwendung der alten Bankregeln wieder gewöhnen müssen.

Schulden und Rückstellungen betragen bei den deutschen Unternehmen rund 80% der Bilanzsumme – ein viel zu hoher Anteil. Kommt der Betrieb in Schwierigkeiten, können Risiken wie Abfindungen an Mitarbeiter, Unverwertbarkeit von Lager und Maschinen und dergleichen nicht mehr aufgefangen werden. Das Unternehmen ist am Ende. Jeder neue Mitarbeiter erhöht unter diesen Umständen das Risiko des Unternehmers. Erschwert wird die Lage noch durch einen rigorosen Kündigungsschutz, der selbst vertraglich nicht erleichtert oder ausgeschlossen werden kann (Unabdingbarkeit). Auch hier zeigte sich Preußen als der wirtschaftlich klügere Staat.

Diese reale und psychologische Seite der Arbeitslosigkeit wird von festbesoldeten Politikern, Fernsehmoderatoren, Bankanalysten, Professoren und natürlich von den Gewerkschaftsfunktionären nicht gesehen und daher auch nicht thematisiert. Im Gegenteil: Die Sozialisten in den Parteien und in den Medien dreschen weiterhin auf den Unternehmer ein, die FDP als Wirtschaftspartei hat keine Chance, gewählt zu werden, denn die Wähler verstehen nichts von Wirtschaft. Wer weiß schon, daß trotz Senkung des Spitzensteuersatzes von 45% auf 42% immer noch 25% der Einkommensbezieher nicht wie bisher 72%, sondern inzwischen sogar 75% des gesamten Steueraufkommens zahlen. Aber unverdrossen wird von der zusätzlichen Besteuerung der „Reichen" gefaselt oder von den „breiten Schultern", eine Lieblingsmetapher der linken Gesundheitsministerin Ulla Schmidt. Die Linken haben viele ungebildete, jedoch demagogisch begabte Intellektuelle in ihren Reihen, aber leider zu wenig pragmatisch denkende Intelligente. Nach der Berechnung des Kölner Industrieinstituts vom 25. November 2004 muß der deutsche Unternehmer pro Stunde/Mitarbeiter 47,62 Euro verdienen, damit der Mitarbeiter 8,70 Euro netto in seiner Tasche haben kann. In diesen Stundenaufwand sind die betriebswirtschaftlichen Kosten eingerechnet. In der deutschen Industrie liegen die Kosten für eine Arbeitsstunde 40% über dem OECD-Durchschnitt. In Deutschland werden jährlich 1.441 Stunden gearbeitet, in den USA dagegen 1.865 Stunden. Der unheilvolle Einfluß der Gewerkschaften wird auch hier wieder deutlich.

An dem Konflikt zwischen Unternehmerwirtschaft und Funktionärswirtschaft ist in Deutschland die Regierung schon einmal gescheitert. Im März 1930 konnte sich trotz bestehender Koalition die auf der Seite der Unternehmer stehende DVP nicht mit den Gewerkschaften und der SPD einigen. Beide Seiten beharrten auf ihren Standpunkten. Stärkung der Investitionskraft der Unternehmer oder Stärkung der Massenkaufkraft. Wußte man es damals noch nicht, daß allein Investitionen, auch staatliche Investitionen, eine Konjunktur beleben, so ist das heute fast in allen Lehrmeinungen eine Binsenwahrheit. Beide Parteien waren nicht kompromißfähig. In der Weigerung der SPD, Sozialbeiträge um 0,5% zu erhöhen, ist die Weimarer Regierung endlich gescheitert. Damit wurde der Weg freigemacht für die Übernahme der Kanzlerschaft durch Adolf Hitler.

8.

Intellektualismus versus Intelligenz

Verärgert über ihre Uneinsichtigkeit und Nörgelei an der Marktwirtschaft, bezeichnete Ludwig Erhard seine intellektuellen Widersacher einmal als Pinscher (kleine Hunde mit hochstehenden Ohren). Obwohl er nur einige gemeint hatte, fühlten sich viele Literaten, Fernsehmoderatoren und Journalisten getroffen, sie reagierten in den Medien mit zorniger Kritik. Ein Aufschrei. Um was ging es? Ludwig Erhard befreite die kriegszerstörte Wirtschaft von ihren Fesseln. Nicht Planung und Kartelle, sondern freier Preis und Wettbewerb sollten den Markt regulieren. Die Mehrheit der Intellektuellen lehnte diesen Weg ab. Er führe zur Verelendung und zu unsozialen Vermögensverteilungen. Erhards Gesetz gegen Wettbewerbsbeschränkungen und Preisabsprachen erregte auf der anderen Seite den Zorn der von Kartellen verwöhnten Großwirtschaft. In diesem Zweifrontenkrieg behielt Erhard recht: Deutschland wurde eines der reichsten Länder der Welt.

Der Grund für die falsche Einschätzung der wirtschaftlichen Lage durch die Intellektuellen hängt mit dem Unterschied zwischen Intelligenz und Intellektualismus zusammen. Ein Intellektueller neigt in der Regel zum Sozialismus und bezieht sein Urteil aus innerer Anschauung, aus subjektiver Einbildung, nicht aus Reflexion; der Intellektuelle verzichtet auf sinnliche Wahrnehmungen seiner Umgebung. Intelligenz dagegen setzt die Fähigkeit voraus zur logischen Verknüpfung von Sachverhalten, zur Urteilsbildung aufgrund von Realitätserkenntnis. Daher verbinden wir Intelligenz stets mit Wissen, mit Forschung, mit Wirtschaft und ernster Politik, Intellektualismus dagegen mit Realitätsferne, Literatur, Ideologie, Demagogie und Rhetorik; häufig erkennen wir Intellektualismus auch in der „modernen Geschichtsschreibung", wenn dem Autor Faktenkenntnisse und Beurteilungsvermögen fehlen.

Der Pinscher, den Ludwig Erhard meinte, ist ein Produkt des Intellektualismus, der nicht den Willen besitzt, seine vorgefaßte Meinung zu ändern. Er weigert sich, das Alltagsgeschehen als Teil der Gesamtlage zu erkennen. Statt dessen „verdinglicht und personifiziert" der Intellektuelle Begriffe wie beispielsweise den Kapitalismus, er beschreibt ihn wie ein handelndes Wesen und macht ihn verantwortlich für Arbeitslosigkeit, für menschliche Unzulänglichkeiten, für Hunger und Elend. Marx, seine Schüler und die Intellektuellen sehen im Kapitalismus eine geheimnisvolle Kraft, die in menschliches, politisches und wirtschaftliches Leben eingreift und es nach der Logik der Geschichte zerstört. Bei diesen Eiferern und Fundamentalisten rückt der Kapitalismus in die Rolle des Teufels – ein Rückfall in die Magie des Mittelalters. Ist das der „Ausgang des Menschen aus seiner selbstverschuldeten Unmündigkeit", wie der preußische Philosoph Immanuel Kant im Jahre 1783 die „Aufklärung" beschrieb?

9.

Erbschaftssteuer

Daß die hohe Ertragsbesteuerung (Einkommenssteuer) den Erhalt von Arbeitsplätzen gefährdet, ist inzwischen Allgemeingut. Linke und Rechte stimmen dieser Einschätzung zu. Dagegen gehört die Erbschaftsbesteuerung immer noch zu den ideologischen Lieblingsthemen der Sozialisten aller Parteien. Man will es nicht zur Kenntnis nehmen, daß die Erbschaftssteuer auf Betriebsvermögen, die in der Regel ein Drittel des Erbes beträgt, viele Unternehmen vor eine existenzbedrohende Liquiditäts- und Kapitalkrise stellt. Das wiederum gefährdet Arbeitsplätze. Dagegen war in Preußen die Vererbung in direkter Linie (Kinder und Enkelkinder) und unter Ehegatten steuerfrei, von Geschwistern wurden 2 % Erbschaftssteuer erhoben. Eine wirtschaftlich vernünftige und eine äußerst liberale Regelung, die den wirtschaftlichen Aufschwung unterstützt hat.

Kehren wir aus der Gegenwart wieder zurück zum Kaiserreich. Nur mit Ideen für Neuerungen (Innovationen), mit ausreichenden Gewinnen und mit einer ausreichenden Eigenmittelausstattung konnte die Wirtschaft im Kaiserreich das Investitionskapital für 380.000 Arbeitsplätze pro Jahr aufbringen. Unter den damals fast 15 Mio. Eigenständigen haben selbstverständlich einige extrem gut verdient, sich teure Villen und anderen Luxus geleistet sowie reichlich Personal. Neid war damals nicht unbekannt, er wurde von den Sozialisten durchaus als politische Waffe eingesetzt, aber die Neidideologie diente nicht in erster Linie zur Diffamierung des politischen Gegners oder zur Durchsetzung eigener Ziele und Interessen. Statt sich zu freuen, wenn einige von den wenigen heute noch Eigenständigen reichlich verdienen, werden diese Menschen Gegenstand von politischer Kritik und finanzieller Begierde. Sie werden von den Finanzämtern gejagt und mit Prüfungen belästigt. Ohne ausreichende Gewinne entsteht kein wirtschaftliches Wachstum. Das gegenwärtige Wirtschaftsklima ist Unternehmern gegenüber nicht günstig. Dieses den Unternehmer ablehnende Klima wurde von allen Parteien herbeigeführt. Hier wiederum in erster Linie von den Funktionären und Mitgliedern der Gewerkschaften, die nicht nur in den mitbestimmten Betrieben sitzen, sondern auch die Mehrheit in den deutschen Parlamenten stellen.

10.

Gewerkschaften als Wachstumsbremse

15% der Wahlberechtigten gehören einer Gewerkschaft an. Aber 52% (1998) der Bundestagsabgeordneten sind Gewerkschaftler. Damit sind sie undemokratisch völlig überrepräsentiert und können ihre Machtposition durchsetzen. In einer Umfrage (Die Welt, 21. 7. 2003) hielten 54% der Befragten die Gewerkschaften für die schädlichste Konjunkturbremse, daher verantwortlich für die hohe Arbeitslosigkeit. Mit den Milliardenpleiten der gewerkschaftseigenen Wohnungsbaugesellschaft „Neue Heimat", der „Bank für Gemeinwirtschaft" und der Handelsgesellschaft „co-op" haben die Gewerkschaftsfunktionäre gezeigt, daß sie zur Führung von Unternehmen unfähig sind. Trotzdem gestattet die Politik (und das sind mehrheitlich die Gewerkschaften selbst) ihnen, bei der Leitung gesunder Unternehmen mitzusprechen. Die Folgen dieses Einmischungsrechts der Gewerkschaftsfunktionäre werden beispielsweise an der katastrophalen Verschlechterung der Ertragslage des Volkswagenwerks überaus deutlich sichtbar.

Unternehmer sind auch nur Menschen, von denen nicht alle die psychische Kraft aufbringen, sich gegen diese Wellen von offenen und verdeckten Vorurteilen zu stemmen. Unternehmer werden gebraucht, darüber sind sich fast alle einig, aber wehe einer stellt irgend etwas Negatives an, dann fallen sie alle über die Unternehmer im ganzen her. Auch in dieser Hinsicht wird der unverhältnismäßig große Einfluß der Sozialisten in unserem öffentlichen Leben sichtbar. In Deutschland besteht auch dank der CDU die bedrückendste gewerkschaftliche Mitbestimmung in der Welt. Obwohl die Gewerkschaften kein politisches Mandat haben, mischen sie sich mit negativer Auswirkung in alle politischen Angelegenheiten ein. Das verstößt gegen die Verfassung und behindert das Regieren.

Zum Thema:

1. Professor Dr. Herbert Grünewald, Vorstandsvorsitzender der Bayer AG, die in Preußen-Deutschland zu den bedeutendsten Chemieunternehmen der Welt zählte, sagte am 12. Januar 1984 in der „Welt": „Es ist heute schwierig, unter permanentem Beschuß kreativ zu arbeiten und Erfolge der Arbeit praktisch zu nutzen. In einer Welt der Feindseligkeit kann kein rechter Fortschritt gedeihen."

2. Die „Wirtschaftswoche" vom 25. April 1984 zitiert die „Londoner Times": „Die typischen deutschen Tugenden, harte Arbeit und Disziplin, verkommen zum Mythos. Anstrengung und Risiko werden gemieden. Für diese Entwicklung sind die Medien und das ramponierte Nationalgefühl verantwortlich."

11.

Ist Marktwirtschaft politisch unerwünscht?

Wir müssen uns heute die Frage stellen, ob die gegenwärtigen wirtschaftlichen Zustände noch den Namen Marktwirtschaft oder soziale Marktwirtschaft verdienen. Marktwirtschaft bedeutet Unternehmerwirtschaft und nicht Funktionärsdirigismus. In dem Wort Unternehmer sind alle Eigenschaften einer handelnden und vorwärts drängenden Person eingeschlossen. Sie zu behindern verursacht wirtschaftlichen Schaden. Und doch muß in den Betrieben dem Drang nach „Pursuit for happiness", dem Hang nach Wohlleben, im Interesse der „Gemeinen Wohlfahrt" Grenzen gesetzt werden. Diese Grenzen sollten keine gesetzlichen, sondern moralische Grundlagen haben. „Die Unternehmer müssen die sittlichen Reserven von jenseits des Marktes beziehen, kein Lehrbuch der Nationalökonomie kann sie ersetzen. Selbstdisziplin, Gerechtigkeitssinn, Ehrlichkeit, Fairneß, Ritterlichkeit, Maßhalten, Gemeinsinn, Achtung vor der Menschenwürde des anderen, feste sittliche Normen – das alles sind Dinge, die die Unternehmer bereits mitbringen müssen, wenn sie auf den Markt gehen und sich im Wettbewerb miteinander messen. Sie sind die Stützen, die vor Entartung bewahren. Familie, Kirche, echte Gemeinschaften und Überlieferung müssen sie damit ausstatten. Das ist der Untergrund, auf dem die Marktwirtschaft ruhen muß" (Wilhelm Röpke).

Diese „sittlichen Reserven" gehörten zum Bestandteil jeder Standesehre: Anwälte, Ärzte, Handwerker, Beamte,
Offiziere, Bürgerliche, Adlige u.a. bildeten sogenannte
Stände, die eine Verletzung der Standesethik mit dem sozialen Ausschluß aus der Gruppe ahndeten. Sebastian
Haffner hat das sehr anschaulich in seinem Buch „Preußen ohne Legende" beschrieben. „Der Junker war kein
Ausbeuter, sondern ein mitarbeitender Betriebsleiter; als
solcher meist respektiert, manchmal sogar beliebt. ‚Leute-
schinder' gab es auch, aber daß dieses Schimpfwort gerade in Junkerkreisen zu Hause war, bewies ihre Ausnahme
und daß diese Leute von ihren Standesgenossen mißbil-
ligt und ausgegrenzt wurden."

Der Römische Historiker Publius Cornelius Tacitus
(55–115 n.Chr.) sprach von den Germanen: „Plusque ibi
boni mores valent quam alibi bonae leges" (Mehr vermögen dort gute Sitten als anderswo gute Gesetze).

Die Bundesrepublik muß in Ermangelung von politischen
Vorbildern und von eigenen ethischen Normen auf eine
ethische Erziehung verzichten. Daher werden wir mit
einer weiteren Ausuferung des persönlichen Beliebens
und der Rücksichtslosigkeit gegenüber dem Gemeinwohl
rechnen müssen. Und trotzdem steht der Unternehmer in
der Verpflichtung gegenüber dem „Gemeinen Wohl". In
preußischer Tradition gilt das allerdings für alle Bürger,
daher auch für die Funktionäre. Wer einen Streik gegen
das allgemeine Interesse, gegen das Gemeinwohl, durchsetzt, handelt sozial verantwortungslos. Gerade in diesen
Fragen sollten wieder strengere Maßstäbe gelten und nicht

alles mit Interessenwahrnehmung entschuldigt werden. Bismarck wußte damals besser, was er von den Unternehmen und den Bürgern verlangen und was er von ihnen erwarten konnte.

Professor Arthur Shadwell aus London veröffentlichte im Jahre 1905 eine recht umfangreiche Vergleichsstudie über England, Deutschland und die USA. Die deutsche Wirtschaft erhielt dabei Bestnoten. In unserem Zusammenhang interessieren folgende Feststellungen von Shadwell:

1. In Deutschland ist den Behörden vor Ort mehr Spielraum überlassen als in den beiden anderen Ländern; das Ziel wird festgelegt, aber über die Mittel zur Erreichung desselben kann frei entschieden werden.

2. Nimmt man alles zusammen, so findet man, daß die deutschen Städte die höchste Lebenskultur aufweisen, die amerikanischen dagegen die niedrigste.

3. In der Anwendung der Wissenschaft durch die Industrie schlagen die Deutschen alle ihre Konkurrenten.

4. Fast in jeder deutschen Fabrik gibt es Eßsäle (Kantinen) für die Arbeiter.

5. In England waschen sich die Arbeiter während der Woche nicht. Schmutzig zu bleiben und dreckig auszusehen, ist der Stempel ihres Berufs. Dagegen halten die Arbeiter in Deutschland auf Sauberkeit. Sie werden in der Schule und vor allem während der Militärzeit in

den Kasernen an das regelmäßige Waschen gewöhnt. Diese Gewohnheit behalten sie bei.

6. Die schmutzigsten Betriebe sind in der Regel die Gießereien. In Deutschland sind selbst sie eine Offenbarung an Ordnung und Sauberkeit. Diese Ordnung und Sauberkeit in den deutschen Fabriken wird erzielt durch die Gewöhnung an Ordnung, die alle Arbeiter, ihre Vorgesetzten und Arbeitgeber durch die Disziplin während ihrer Militärzeit durchgemacht haben.

Soweit Professor Shadwell.

Kultusminister Robert Bosse forderte 1894 die Professoren an den Universitäten auf, die Unternehmer nicht zu diffamieren, sie seien die Hühner, die für uns goldene Eier legten. Wirtschaft ist Psychologie, so sagte es schon Ludwig Erhard. Heute wird der Unternehmer diffamiert und behindert, wo immer es die Politik und das Fernsehen für durchsetzbar halten.

12.

Abhängigkeit der Wirtschaft
von der Leistungsfähigkeit der Verwaltung

Der weitere Grund für den wirtschaftlichen Erfolg des Kaiserreichs lag nicht nur in der geringen Anzahl von Beamten, sondern auch in ihrer hohen Leistungsfähigkeit. Es sei die beste Verwaltung gewesen, die die Welt je gesehen habe, sagte Otto Braun, der sozialdemokratische Ministerpräsident Preußens bis 1932.

Einer der bedeutendsten unter den klassischen Nationalökonomen, Joseph Schumpeter (1883–1950), Professor in Graz, Bonn und Harvard, forderte für eine erfolgreiche Volkswirtschaft nicht nur den Unternehmer, den unersetzlichen Mann der Tat, sondern auch eine „gut ausgebildete Bürokratie von hohem Rang, von guter Tradition, starkem Pflichtgefühl und einem nicht weniger starken „esprit de corps". Die Verwaltung müsse nach eigenen Prinzipien handeln und nicht von der Politik abhängig sein. Ernennung, Beförderung und Amtszeit hätten innerhalb des Beamtenreglements stattzufinden und der eigenen Auffassung der Berufsgruppe zu folgen. Weil diese Kriterien von der preußischen Verwaltung erfüllt wurden, hielt Schumpeter sie für die „beste Verwaltung".

In dem sich seit 1866 entwickelten Parteienstaat, worin die SPD sogar den revolutionären Umsturz des Staates for-

derte, weil sie einen anderen Staat wollte, war eine verläß-
liche staatstragende, ja man kann sogar sagen: homogene
Verwaltung (Bismarck) als stabilisierender Faktor unerläß-
lich. Hier waren der Adel und diejenigen, die sich ihm
verbunden fühlten, die Gewähr für eine untadelige Verwaltung.

Bertrand Russell, der englische Geschichtsphilosoph und
Nobelpreisträger, schrieb in den zwanziger Jahren, daß
die Deutschen so viel Eigenständigkeit, Tatkraft, Fähigkeiten und Begabungen gezeigt hätten, wie sie keine Nation jemals vorher oder nachher bewiesen habe. Die Deutschen verfügten über eine bessere Bildung. Doch ohne die
Hilfe einer tüchtigen, ehrlichen Bürokratie hätte die deutsche Wirtschaft ihren außerordentlichen Erfolg nicht entwickeln können.

Der Verband der pharmazeutischen Industrie stellte 1913
zum Regierungsjubiläum Wilhelms II. fest, daß die deutsche Chemisch-Pharmazeutische Industrie ihren hohen
Stand nicht erreicht hätte, wenn ihr nicht eine moderne
Gesetzgebung und eine moderne Verwaltung zur Seite
gestanden hätten. Der Verband der Elektroindustrie
schloß sich dieser Auffassung an. 60% der gesamten deutschen elektrotechnischen Produktion entfielen auf Berlin,
so daß bei den gegebenen Marktverhältnissen mindestens
40% des Weltmarktes von Berlin aus beliefert wurden.

Eine moderne Gesetzgebung und eine moderne Verwaltung, hinzuzufügen wäre eine vertrauenswürdige Rechtsprechung, diese drei „Gewalten" waren getrennt vonein-

ander, sie bildeten den Rechtsstaat. Eine solche rechtsstaatliche Gewaltenteilung war ein Charakteristikum des Kaiserreichs. „Das demokratische System soll den Volkswillen zur alleinigen Geltung im Staat bringen. Wir bestreiten, daß ihm das gelingt. Er bringt immer nur die Parteien und innerhalb dieser wieder nur ganz kleine Schichten und Gruppen ans Ruder, die dann als Drahtzieher der herrschenden Partei eine wundervolle Gelegenheit erhalten, den Staat für sich auszubeuten. Der Parlamentarismus ist die Verfassung des Klassenstaats, darauf angelegt, daß zwei Spielarten der Gesellschaft sich gegenseitig das Leben versichern und den abwechselnden Genuß der Herrschaft verbürgen. Das parlamentarische Regime entspricht nicht dem Interesse der deutschen Arbeiterschaft, denn Parteien sind eine schlechte Bürgschaft für gute Sozialpolitik und gerechte Steuerverteilung", so äußerte sich im Jahre 1916 der Altmeister der deutschen Geschichtswissenschaft und 1948 der erste Präsident der „Freien Universität", Professor Dr. Friedrich Meinecke.

Auch wenn die in den Nachkriegsjahren weitverbreitete Theorie vom deutschen „Sonderweg" inzwischen aufgegeben worden ist, gibt es immer noch einige geistig weniger bewegliche Soziologen und Historiker, die an dieser Theorie festhalten. Sie werfen der deutschen Geschichte die angeblich nicht rechtzeitige Parlamentarisierung vor. Dabei blicken sie auf England und auf die USA. Wenn man sich doch nur an diesen beiden Ländern orientiert hätte! Beide Länder erfreuen sich des Mehrheitswahlrechts und des Zweiparteiensystems. Sie kennen keinen Regierungsföderalismus. Damit würde Deutschland wenigstens eine handlungsfähige Regierung haben. Statt dessen kann das Parlament in Deutschland nicht allein entscheiden (ein wichtiges Merkmal des Parlamentarismus), die Ministerpräsidenten der Länder entscheiden mit, außerdem außerparlamentarische Pressure-Gruppen (Gewerkschaften, Verbände, Berufsinteressenten etc.) und neuerdings auch die Behörden in Brüssel.

Die Marktwirtschaft braucht zum Erfolg einen starken, handlungsfähigen und vertrauenswürdigen Staat. Den boten die Regierung des Kaiserreichs und die preußischen Regierungen davor. Daran mangelt es jedoch heute. Der 1632 in Sachsen geborene und am Brandenburger Hof tätige Staatsrechtler Samuel Freiherr von Pufendorf nannte das in über 380 eigenständige Staaten zergliederte „Heilige Römische Reich deutscher Nation" ein „unregierbares Monstrum". Nähert sich Deutschland diesem Zustand wieder, ein unregierbares Land zu sein? Manchmal scheint es so. Eins können wir mit großer Gewißheit feststellen: Mit einem Regierungssystem und einer politischen Klasse, wie sie Deutschland zum Anfang des 21. Jahrhunderts ertragen und anerkennen muß, wäre der atemberaubende Aufstieg des Deutschen Kaiserreichs in Wirtschaft, Bildung und Wissenschaft nicht erreichbar gewesen, ebensowenig das deutsche „Wirtschaftswunder" nach dem Zweiten Weltkrieg.

Christian Thomasius (1655–1728) war einer der bedeutendsten preußischen Rechtsgelehrten und Mitbegründer der europäischen Aufklärung. Als Rechtsgelehrter hielt er 1687 zum ersten Mal Vorlesungen in deutscher und nicht in lateinischer Sprache. Was die Herrschaft der Vernunft einschränke, bezeichnete Thomasius als Vorurteil. Hierunter verstand er in erster Linie die geistige Blockade durch Religion (Ideologie) und Mystik. Sie wollte er von sich und der Menschheit abwenden. Seine in Leipzig begonnenen Vorlesungen gegen das Vorurteil – sie standen unter dem Thema „lectiones de praeiudiciis" – wiederholte er in Halle. Thomasius lehrte, dem Wissen, der Forschung, der Vernunft und der nüchternen Erkenntnis des Intelligenten stehe der Intellektualismus gegenüber mit seiner Ideologie, Theologie und Rhetorik, mit seiner Realitätsferne und seinen Vorurteilen. Wie recht hatte Thomasius. In allen Jahrhunderten hat es so gut wie keine Opfer praktischer Vernunft gegeben, aber Hekatomben ermordeter Menschen als Folge von Utopien, Ideologien und Vorurteilen. Viele Nachkriegshistoriker schrieben mit derartigen Vorurteilen. Hierzu gehört auch Heinrich August Winkler: „Der Gegensatz zwischen kultureller und wirtschaftlicher Modernität auf der einen und politischer Rückständigkeit auf der anderen Seite war der Grundwiderspruch im Kaiserreich."

1. Frage: Woher nehmen Historiker die Überzeugung, daß unsere gegenwärtige Demokratie modern ist, also sozusagen der Endpunkt einer erwünschten staatlichen Entwicklung zu sein hat? Unser System ist für ein industrielles Land eine völlig ungeeignete Regierungsform. Der spanische Altmeister der Geschichtswissenschaft Josep Fontana bezweifelt daher die Behauptung, daß die staatliche Entwicklung in der Welt auf das angloamerikanische Regierungssystem zulaufen müsse.

2. Frage: Aus welchen Fakten folgern sozialistische Historiker einen Gegensatz von Staat und Wirtschaft? Sie nennen nicht eine einzige Tatsache, aus der sich diese Behauptung erweisen ließe. Sie können es nämlich nicht! Weil es solche Tatsachen nicht gibt. Wirtschaft, Bildung und Verwaltung (Staat) sind seit eh und je so eng miteinander verzahnt, daß ihre gegenseitigen Abhängigkeiten nicht geleugnet werden können. Eins ist sicher: Geschichte und Zeit werden über diese Thesen von Historikern hinweggehen. Mit der Metapher von Christian Morgenstern: „... weil nicht sein kann, was nicht sein darf" läßt sich seriöse Geschichte dauerhaft eben nicht schreiben.

13.

Die Familie
als Grundlage der Marktwirtschaft

Es kann keinem Zweifel unterliegen, daß sich der marxistische Sozialismus und der Feminismus als sein engster Verwandter bereits auf leisen Sohlen unbemerkt über das gesamte öffentliche Leben ausgebreitet haben und heute selbst unseren privaten Lebenskreis beeinflussen mit Folgen, die jeder bei richtiger Einschätzung unserer heutigen Lage voraussehen kann. Zur sozialistischen Stoßrichtung gehörte die Diffamierung der Familie, insbesondere die persönliche Herabsetzung der zu Hause erziehenden Mutter. Diese Frauen sind in unserer materialistischen und hedonistischen Gesellschaft einem unerträglichen Meinungsdruck ausgesetzt. Seit August Bebel (1904) verachtet die Sozialdemokratie Familie und Ehe. Bebel erklärte: „Die Ehe braucht weder kirchlichen, noch staatlichen Schutz. Allein die Neigung bestimmt ihren Inhalt. Wie ich esse, wie ich trinke, wie ich schlafe und mich kleide, ist meine persönliche Angelegenheit." Es gibt wenige Äußerungen von Politikern, die unsere christliche und ethische Werteordnung so vehement ablehnen wie diese Äußerung Bebels. Es ist die Predigt des nackten Egoismus und des rücksichtslosen Verhaltens gegenüber der Partnerschaft und der Gemeinschaft. Eine der Erscheinungen dieser Lehre ist die zunehmende Bindungsunfähigkeit oder sogar Bindungsunwilligkeit von Männern und Frauen.

Die Folge können wir nicht nur an der abnehmenden Kinderzahl ablesen, sondern auch an der Gewissenlosigkeit, mit der Ehebindungen heutzutage aufgegeben werden.

Selbst leitende Politiker (Kanzler und Ministerpräsidenten) bilden hierbei keine Ausnahmen. Sie schämen sich nicht, dies in die Öffentlichkeit zu tragen und damit die Verantwortungslosigkeit gegenüber ihrer Familie zu rechtfertigen. Funktionäre derjenigen Partei, die sich christlich nennt, scheuen sich ebenfalls nicht, Frau und Kinder nach achtzehnjähriger Ehe zu verlassen. „Wenn jemand seinem eigenen Hause nicht weiß vorzustehen, wie wird er dann seine Gemeinde versorgen?" So heißt es in der Bibel, dem Leitfaden der oft beschworenen „christlichen Wertegemeinschaft". Diesen Satz sollten alle Politiker lesen, wenigstens diejenigen, die ein Amt innehaben. Es gilt aber ebenso für Unternehmer, und daher spielt die verantwortungsbewußt gelebte Familie für den Erfolg der Marktwirtschaft eine bedeutende Rolle. Die Ehefrau als Mutter muß sich auf den Mann, und umgekehrt der Mann sich auf die Frau verlassen können.

In Preußen gehörte es zum „guten Ruf" eines Mannes, für den Unterhalt von Frau und Kind aufzukommen. Diese Versorgungsethik galt für alle Schichten der Bevölkerung, auch für den Arbeiter. Das beweist schon der Umstand, daß die Frauen am Freitag häufig vor dem Fabriktor standen, um den Männern die Lohntüte abzunehmen. Sie wollten ihre Männer im Interesse der Familie vor übermäßigem Alkoholgenuß bewahren.

Der Feminismus lehnt die Familie ab und mokiert sich über die „Mutterideologie", weil Kinder der Mutter angeblich kein Lebensglück vermitteln können. Sollen junge Frauen besser Lippenstifte im Kaufhaus verkaufen!? Der überwiegenden Mehrheit der weiblichen Agitatoren des Feminismus ist das Glück einer Lebensgemeinschaft von Mann und Frau und das sich hieraus ergebende menschliche Glück von Kindern und Enkelkindern nicht widerfahren, so daß sich ihr eigenes persönliches Unbefriedigtsein in ihren marxistischen Haßpredigten niederschlägt.

Und wenn die mit Steuern (Zwangsabgaben) finanzierten staatlichen Fernsehanstalten den Massenmenschen vorgaukeln, Kinderarmut sei eine Folge des Mangels an Ersatzmüttern (Kindergarten), dann verletzen sie das Verfassungsgebot des Schutzes der Familie. Es gehört zu den traurigsten Ergebnissen der sozialistisch-feministischen Ideologie, den jungen Frauen, aber auch den jungen Männern den in jeder gesunden und glücklichen Partnerschaft vorhandenen Wunsch nach Kindern ausgeredet zu haben.

Dieses Ergebnis beweist erneut, wie recht der preußische Philosoph Immanuel Kant gehabt hat mit seiner Kritik am Herdentrieb des leicht beeinflußbaren Massenmenschen. Den jungen Frauen ihr Mutterglück mit dem Hinweis auf fehlende Kindergärten auszureden, gehört ebenfalls zu den sozialistischen (feministischen) gesellschaftszerstörenden Absichten. Diese Strategie der Feministen ist grausam, weil sie sich gegen die menschliche Natur richtet. Und auch hier nickt der dumme Massenmensch mit dem Kopf.

Und trotzdem: Die personenbezogene Neigung der Frauen im Gegensatz zu den mehr sachorientierten Interessen der Männer konnte auch durch die sozialistische Demagogie nicht verändert werden. Diese Behauptung wird durch die statistischen Zahlen belegt:

Im Jahr 2005 studierten an den deutschen Universitäten 1.957.000 Männer und Frauen. Den Anteil der Frauen zeigen die nachstehenden Zahlen in Prozenten (Gesamtzahl aller Studenten in Klammern):

Sprach- und Kulturwissenschaften	15%	(21%)
Rechts- und Sozialwissenschaften	15%	(31%)
Mathematik	6%	(18%)
Medizin	3%	(5%)
Ingenieurwissenschaften	3%	(17%)

Von 678.000 Lehrkräften sind 455.000 Frauen. Das bedeutet, daß 67% der Lehrkräfte Frauen sind. Hieraus folgt, daß Frauen in erster Linie einen Beruf wählen, der mit Menschen zu tun hat. Besonders deutlich wird dieses Phänomen im Lehrberuf. Es ist kaum zu verstehen, warum die Beschäftigung mit fremden Kindern zu mehr Selbstverwirklichung und Lebensglück führen soll als die Beschäftigung mit den eigenen Kindern. Daß Frauen leicht beeinflußbar sind, ergibt sich schon aus ihrer Bereitwilligkeit, dem jeweiligen Modediktat zu folgen. Aber es bleibt eine offene Frage, warum Frauen mehr Erfüllung darin sehen sollen, sich mit fremden Kindern zu beschäftigen als mit den eigenen.

In der Bibel steht: „Und Gott segnete sie und sprach: Seid fruchtbar und mehret euch und füllet die Erde." In der von

Politikern viel beschworenen „christlichen Wertegemeinschaft" will keiner mehr dieses biblische Gebot kennen. Auch nach den 10 christlichen Geboten wird nicht mehr gelebt; sie sind kaum noch bekannt, und die protestantische Kirche behandelt viele biblische Gebote als geheimes Herrschaftswissen. Ehebruch und das Abtöten der Leibesfrucht (in Deutschland sogar auf Staatskosten) gehören heute zu den „Grundlagen" einer „christlichen Wertegemeinschaft". Wenn der Papst in Rom an unseren christlichen Geboten festhält und ihre Einhaltung fordert, kritisieren ihn die narzißtischen und feministischen Massenmenschen. Sie weigern sich, über „den Tellerrand" zu blicken. Ist Deutschland auf den traurigen Zustand nach dem Dreißigjährigen Krieg (1618–1648) zurückgefallen? Legt man die Worte des pietistischen Pfarrers August Hermann Francke aus Halle als Maßstab zugrunde, könnte es tatsächlich so aussehen. In dem bösen Aufwachsen der Jugend sah Francke eine entscheidende Ursache für den allgemeinen Verfall. „Denn damit ist es soweit kommen, daß fast niemand mehr weiß, was zu einer recht christlichen und gemeinen Wesen nützliche Auferziehung gehöre. Daher die Jugend insgemein rohe, wüst und wilde, und ohne alle wahre Erkänntnis und Furcht Gottes, ohne Zucht und Ermahnung des Herren aufwächset." In der Auflösung und Zerstörung christlicher Werte haben die Sozialisten, zuerst die Nationalsozialisten und später die internationalen Sozialisten, ganze Arbeit geleistet. Doch ohne ein ethisches und religiöses Grundgerüst funktioniert auch Marktwirtschaft nicht, schon gar nicht, wenn gleichzeitig die Solidarität der Menschen untereinander gefordert wird (Gesundheitssystem und Rentensystem).

Zuversicht und Selbstbewußtsein der jungen Männer führten im preußisch-deutschen Kaiserreich zu Familiengründungen, die Männer besaßen genug Selbstvertrauen, um Frau und Kinder ernähren zu können. Eine geringe Scheidungsrate und eine hohe Kinderzahl bewiesen eine relative Stabilität in den familiären Beziehungen. Die Frau als Mutter und Hausfrau entsprach dem historisch gewachsenen Frauenbild der Zeit. Vom Mann, und zwar aus allen Schichten, erwartete man wiederum die Sorge für die Familie und soziale Treue. Dagegen waren Seitensprünge des Mannes ebenso häufig und unerwünscht wie heute. Doch wurden sie mit mehr Diskretion behandelt. Damals gab es in Berlin so gut wie keine Einzelhaushalte. Im Jahre 2001 dagegen sind es mehr als 40 % aller Haushalte. Was bedeutet das wirtschaftlich? Die Alleinstehenden sorgen nur noch für sich selbst. Die Männer in ihrer Infantilität nicht für eine Familie, die Frauen ebenfalls in ihrer Infantilität nicht für Kinder. Hieraus entsteht keine menschliche Reifung, kein Leistungswillen und vor allen Dingen kein Verantwortungsbewußtsein für andere und für die Gemeinschaft. Das erfährt man nur in einer Familie. Ein autistisches Volk, das sich nur noch um sich selbst dreht, ist wirtschaftlich nicht erfolgreich, es wird untergehen. In einem solchen Staat kann auf Dauer keine Marktwirtschaft gedeihen.

14.

Schuldenfreiheit als Maxime preußischer Wirtschaft

Ein weiterer fundamentaler Unterschied zwischen der gegenwärtigen und der preußischen politischen Klasse besteht in ihrer Einstellung zur persönlichen und staatlichen Verschuldung. Als König Friedrich I. in Preußen im Jahre 1713 starb, hinterließ er seinem Nachfolger Friedrich Wilhelm I., dem späteren Soldatenkönig, einen hochverschuldeten Staat. Die Personalkosten für die staatlich Bediensteten und die Aufwendungen für die Hofhaltung verschlangen, wie in der Gegenwart, den größten Teil der öffentlichen Einnahmen. Nur durch Anstrengung, Sparsamkeit und Strenge konnte Preußen wieder gesunden. Diese Gesundung setzte ein Ethiker ins Werk: König Friedrich Wilhelm, der Vater Friedrichs des Großen. Die teure Hofhaltung löste er nach seinem Regierungsantritt auf. Den Pferdebestand verminderte er von 600 auf 120 Pferde. Die Gehälter der Hofbediensteten strich er um mehr als die Hälfte zusammen. Auch die Hofküche blieb von seiner Sparsamkeit nicht verschont. 5 Mundköche, 8 Meisterköche, 3 Bretmeister, 3 Pastetenbäcker, 4 Konditoren und 24 andere Köche mußten sich eine andere Beschäftigung suchen. Nur 5 Personen duldete er künftig in der Küche. Im Jahre 1712 hatten die Personalkosten für den Hof insgesamt 175.000 Taler betragen. Jetzt schrumpften diese Kosten auf wenige Tausend zusammen. Gewaltig fuhr der Rotstift auch durch die Verwaltung, ebenso durch das Pfründen- und Stellenwesen im Staat. Minister- und Generalsgehälter wurden auf 1/3 ihrer ursprünglichen Höhe herabgesetzt (Carl Hinrichs).

Friedrich Wilhelm I. hatte es zum Lebensgesetz des preußischen Staates gemacht, den Staatshaushalt ohne Schulden zu führen. Der preußische Staat lebte unter Beanspruchung aller seiner Kräfte ganz aus sich selbst. Es war Friedrich Wilhelms staatsökonomisches Ideal, schuldenfrei zu wirtschaften. Der König und seine Beamten fühlten sich an das christlich-calvinistische Ethos gebunden, das eine Vertrauensbasis im preußischen Staat herstellte, die in Verwaltung und Rechtsprechung über 200 Jahre anhielt. Das Wort Friedrich Wilhelms an seine Nachfolger: „Macht keine Schulden und gebt nicht mehr aus als ihr einnehmt" hatte als ethisches Gebot Gültigkeit bis zum Untergang des Deutschen Kaiserreiches 1918.

Friedrich der Große hielt sich an diese Sparsamkeitsgebote gebunden, indem er in seinem Testament feststellte: „Eine Regierung muß sparsam sein, weil das Geld, das sie erhält, aus dem Blut und Schweiß des Volkes stammt. Das Geld ohne Rücksicht auf die Zukunft ausgeben, heißt handeln wie ein Diktator und nicht wie ein Vater des Volkes. Denn nur die Völker sind glücklich, die unter der Herrschaft einer Regierung leben, die ihre Finanzen gut geregelt hat." Mit diesen Maximen preußischer Könige haben die Regierungen die Voraussetzungen geschaffen, unter denen sich die preußisch-deutsche Wirtschaft so atemberaubend entwickeln konnte.

Zwei Jahre vor seinem Tod schrieb Friedrich der Große: „Rechtmäßig werden die staatlichen Einnahmen nur da verwendet, wo es dem Wohl des Volkes dient. Jeder Fürst, der die staatlichen Einnahmen zu unangebrachter Freigebigkeit vergeudet, handelt wie ein Straßenräuber." Für uns ergeben sich hieraus folgende Fragen: Dient es dem Wohl des Volkes, die uns von den USA aufgezwungenen 16 Länder mit dem Troß der Ministerpräsidenten weiterhin zu unterhalten und damit 80 – 100 Milliarden Euro mehr auszugeben als nötig? Müssen es bei 82 Mio. Einwohnern 650 Abgeordnete im Bundestag sein, statt – wie beispielsweise in den USA – bei 290 Mio. Einwohnern nur 430 Abgeordnete? Wozu brauchen wir 4,7 Millionen öffentlich Bedienstete, 2 Millionen würden vollauf genügen. Sind die Partei- und Gewerkschaftsfunktionäre etwa „Straßenräuber" im preußischen Sinne? Haben die Parteien dafür gesorgt, daß die sogenannte Kommission zur Neuregelung des Föderalismus wirtschaftliche, also haushaltsrelevante Fragen vordringlich zu berücksichtigen hat? Sitzen keine Unternehmer in diesen Gremien? Wann ordnet die Politik Größe und Grenzen der Länder neu? Hier besteht ein Einsparungspotential von einer Größe, die die Arbeitslosigkeit nachhaltig reduzieren würde.

Auch auf diesem Gebiet kann Preußen als Beispiel dienen. Es ist als eigenständiges Land in Deutschland aufgegangen. König Wilhelm I. von Preußen, der spätere Kaiser Wilhelm I., befürchtete diese Entwicklung und lehnte es daher zunächst ab, die Kaiserwürde für Deutschland zu übernehmen. Kann man sich vorstellen, daß einer von den 16 Ministerpräsidenten mit seinem Ländchen in der Bundesrepublik Deutschland aufgehen und damit sein Amt als Ministerpräsident verlieren würde?

Der Haushalt für das Jahr 2007 weist eine Neuverschuldung von 22 Mrd. Euro aus, womit die Verschuldung etwas geringer ist als im vorangegangenen Jahr. Schon werfen sich die Politiker in die Brust und sprechen bei diesem Sachverhalt tatsächlich vom Sparen. Die Massenmenschen nicken befriedigt mit den Köpfen. Merkt denn keiner, wie verlogen und unverantwortlich diese Demagogie ist, wenn Politiker trotz steigender Verschuldung vom Sparen sprechen? Keine Kunst lernt eine Regierung schneller als diejenige, den Leuten Geld aus der Tasche zu ziehen (Adam Smith, 1723–1790, schottischer Begründer der klassischen Volkswirtschaftslehre). „There is no art which one government sooner learns of another than that of draining money from the pockets of the people."

Fassen wir zusammen: Bildung, Ausbildung, Fortbildung und Wissenschaft, dazu Disziplin und Ordnungssinn, eine freiheitliche, auf Privateigentum und unternehmerische Selbständigkeit gegründete Wirtschaftsordnung (Marktwirtschaft), kein politischer Einfluß der Gewerkschaften sowie eine bürgernahe Verwaltung waren die Ursachen für die von der Welt bewunderte und leider auch weltweit beneidete wirtschaftliche Leistung des Kaiserreichs. Die geringste Arbeitslosigkeit, eine vorbildliche Arbeitsschutzgesetzgebung und das modernste Lebensmittelgesetz, die modernste Sozialversicherung, die geringste Analphabetenquote in der Welt und die wegen ihrer Qualität begehrten Produkte „Made in Germany" zeichneten den wirtschaftlichen Stand dieses Landes aus.

Die Modernität der kaiserlichen Sozialversicherung bestand nicht nur in ihrer den damaligen staatlichen Verhältnissen erstaunlich weit vorauseilenden Einführung, sondern ebenso in ihrem von Bismarck gewählten „Dekkungsprinzip". Es war sozialer und gerechter als das gegenwärtig praktizierte Umlageprinzip, weil die Höhe der Rente von dem vorher angesparten „Deckungsstock" des Versicherten abhing. Ändern sich die grundlegenden Daten wie beispielsweise Bevölkerungsentwicklung, Anzahl der zahlungspflichtigen Arbeitnehmer oder die Verlängerung der Lebenserwartung der Versicherten, kann das Umlageprinzip eine ganze Volkswirtschaft in den Strudel reißen. Weder Gesundbeten noch sozialistische Beschwörungsformeln können eine solche Entwicklung aufhalten. Das einzige, was Abhilfe schaffen würde, ist die Veränderung des Prinzips.

Mit der Übernahme der preußischen Beispiele an Disziplin, Ordnung, Bildung, Universitätsaufbau und Rechtsordnung (BGB), hat ein anderes Land ebenfalls eindrucksvolle Erfolge in Wirtschaft und Wissenschaft erzielt: das ist Japan. Es hat sich zum Ende des 19. Jahrhunderts weitgehend an das preußische Vorbild angelehnt.

15.

Deutsche Wirtschaft nach dem Ende des Zweiten Weltkriegs

Ein weiteres sich hartnäckig haltendes Fehlurteil über die deutsche Geschichte ist das Märchen von den Marshall-plan-Geldern, denen wir allein den Wiederaufbau unseres total zerstörten Landes nach dem Krieg zu verdanken hätten.

Erinnern wir uns:
Nach dem schrecklichsten, verlustreichsten und 6 Jahre dauernden Krieg kapitulierte das Deutsche Reich im Mai 1945. Die Niederlage war total. Unser Land lag in Trümmern. Von 250.000 Gebäuden in der Reichshauptstadt Berlin waren 180.000 zerstört. Von den 850.000 Wohnungen konnten 600.000 nicht mehr bewohnt werden. Und trotzdem lebten nach dem Kriegsinferno in dieser größten Trümmerlandschaft der Erde noch etwa 2,5 Millionen Menschen, notdürftig zwar, aber sie lebten und krochen aus ihren Kellern. Insgesamt waren mehr als 5 Millionen Wohnungen in Deutschland nicht mehr bewohnbar. Das bedeutete insgesamt etwa 60% der Wohnungen. Was von den Industrieanlagen in Deutschland noch übriggeblieben war, wurde demontiert und abtransportiert. An eine Selbstversorgung der Bevölkerung war nicht zu denken. Fischerboote durften nicht auslaufen. 3 Millionen Menschen sind nach Schätzungen von Histo-

rikern in dieser Zeit an Hunger und Kälte gestorben. Forschungsergebnisse und Patente privater deutscher Firmen und Personen wurden geraubt, deutsche Wissenschaftler zur Ausbeutung ihrer Kenntnisse in die Länder der Siegermächte gebracht. Mit dieser geistigen Beute ersparten sich die Amerikaner, wie schon nach dem Ersten Weltkrieg, Jahrzehnte an Forschungsarbeit und Milliarden an Forschungsinvestitionen. Die Sieger zerteilten das Deutsche Reich in vier Zonen und zerstörten damit den bisher einheitlichen deutschen Wirtschaftsraum. Sie beschlossen die Abtrennung der preußischen Ostgebiete und ordneten gleichzeitig die Austreibung der dortigen Bevölkerung an. 13 Millionen Menschen waren davon betroffen. 2,3 Millionen Menschen kamen dabei ums Leben. Zusätzlich wurden die Deutschen einer mehrjährigen Nahrungsmittelbeschränkung unterworfen. Es war die härteste, erbarmungsloseste und unmenschlichste Kriegsbeendigung in der europäischen Geschichte.

War das die Stunde Null?
Es gab keine Stunde Null in den Köpfen der Menschen. Ihre Bildung und Ausbildung, ihre Verwaltungserfahrung, ihre Arbeitsdisziplin und Firmenloyalität, ihre Einsatzbereitschaft, ihr Erfindungsgeist und Organisationstalent, das Ingenieurwissen und das wissenschaftliche Denken und letzten Endes auch ihr Pflichtbewußtsein waren ihnen geblieben. Innerhalb nur eines Jahrzehnts avancierte die damalige Bundesrepublik trotz totaler Ausplünderung und Teilung des Wirtschaftsgebietes, trotz Rohstoffarmut und Aufnahme von Millionen von Flüchtlingen zum reichsten Land des europäischen Kontinents.

Das weltberühmte preußische Bildungssystem, die wirtschaftliche und staatliche Liberalität, die preußische Haltung und Tradition erlebten ihre glänzendste Bewährungsprobe. Leider ist dem deutschen Volk die Empfindung für diese wirklichen Gründe des Wiederaufbaus nach 1945 abhanden gekommen. Der Grund liegt in unserer geschichtlichen und kulturellen Entwurzelung und Selbstvergessenheit. Er liegt in unserem gegenwärtigen historischen Analphabetentum. Wiederaufbaukredite haben England und Frankreich in größerem Umfang erhalten als Deutschland: Großbritannien 3,6 Mrd. Dollar, Frankreich 3,1 Mrd. Dollar und Deutschland 1,4 Mrd. Dollar. Obwohl sie zu den Siegermächten gehörten, nicht so zerstört waren wie Deutschland, nicht gedemütigt worden sind, keine Gebietsverluste erlitten hatten, war ihr wirtschaftlicher Aufbau im Vergleich zu Deutschland wenig erfolgreich. Nur Deutschland hat die Marshallplan-Kredite zurückgezahlt, England und Frankreich bis heute nicht. Mit den rund 1,4 Mrd. Dollar an ERP-Krediten haben die Amerikaner noch nicht einmal die Raketentechnik, das Wissen um den Düsenantrieb von Flugzeugen und die vielen anderen deutschen Patente und Forschungsergebnisse, die sie aus Deutschland mitgenommen und für sich genutzt haben, angemessen bezahlt.

Wie sah die Lage in Deutschland in der Anfangsphase nach dem Krieg aus? Die Regulierungswut der Demokraten hatte sich noch nicht ungehemmt entfalten können. In der Verwaltung saßen bewährte Kräfte, was heute häufig kritisiert wird, ohne die Folgen zu bedenken, die bei einer totalen Umschichtung der Verwaltung eingetreten wären.

In dieser Hinsicht war Adenauer ein kluger Politiker. Die Beamten waren fähig, ihre Aufgaben noch selbst zu erledigen. Es gab keine gewerkschaftliche Behinderung der Unternehmen, keine Wirtschafts- oder Wissenschaftsbeiräte, keine Beraterverträge, keine Rürup-, Herzog-, Hartz- oder Koch/Steinbrück-Kommissionen, keine Zuwanderungskommission, keine Kommission für Umwelt, keine Kommission für Medizin oder für die Verkehrsinfrastrukturfinanzierung, keine Kommission für die historische Mitte Berlins, keine Kommission für lebenslanges Lernen, keine Kommission für die Verbesserung der Schulbildung, keine Kommission für Steuervereinfachung; unbekannt waren auch die zwischenstaatliche Kommission für deutsche Rechtschreibung und die Amtschefkommission „Rechtschreibung", es gab vor allen Dingen noch keinen Frauenbeauftragten, keinen Kinder- und Jugendbeauftragten, keinen Familienbeauftragten, keinen Männerbeauftragten, keinen Patientenbeauftragten, keinen Ausländerbeauftragten. Die Behörden konnten auf teure Beratungsfirmen verzichten. Unsere heutigen 700.000 Männer und Frauen im höheren Verwaltungsdienst werden zwar gut bezahlt, sind aber offensichtlich außerstande, schwierigere Aufgaben, die man ihnen stellt, selbständig zu lösen. Parteibuch und politische Gesinnung sind eben keine ausreichende Qualifikation für den höheren Verwaltungsdienst. Ein anschauliches Beispiel für Unfähigkeit ist die Arbeitsbehörde in Nürnberg mit 90.000 Mitarbeitern, vielen Oberdirektoren und vielen Unterdirektoren.

Professor Dr. Otto Hintze sagte in seinem Vortrag in Dresden über die preußischen Beamten im Jahre 1911:

„Rechtschaffenheit, Pflichtgefühl, uneigennütziger Fleiß, Sachkunde, Gemeinsinn, unbeugsames Rechtsgefühl und schlichte Treue sind die Tugenden, in denen es im deutschen Beamtenstand zu keiner Zeit gefehlt hat. Es gibt Gottlob viele Beamte, die von sich sagen können: patriae inserviendo consumor (im Dienst für das Vaterland verzehre ich mich). Die ganze Seelenverfassung des preußischen Beamtenstandes ist ein Ergebnis langer Standeserziehung."

Nicht nur die Ausbildung der Beamten, sondern die allgemeine Erziehung seit Gründung der Universität Halle erstreckte sich auf die Formung des gesamten Staatsvolkes, sozusagen auf seine Seelenverfassung, um mit Otto Hintze zu sprechen. Politiker nennen das heute „Leitkultur".

16.

Ausblick

Welche Erkenntnisse können aus den wirtschaftlichen Erfolgen Preußens gewonnen werden? Die hohe gegenwärtige Arbeitslosigkeit, die dramatisch angewachsene Staatsverschuldung, der Niedergang unternehmerischer Tätigkeit, der katastrophale Zustand der Schul- und Universitätsbildung, der Verlust von Techniken, in denen Deutschland einst weltführend war und – neben anderem – die hohe Abwanderungsquote von befähigten jungen Menschen, die katastrophal niedrige Geburtenzahl und eine erschreckend hohe Zahl von Tötungen ungeborenen Lebens sind Erscheinungen, die für unser Land existenzbedrohend sind. Es gibt für diese Entwicklung viele Gründe. Der wichtigste Grund unter ihnen ist die Ausdehnung des Politischen auf nahezu alle Lebensbereiche. Die Ausdehnung reicht von der Kindertagesstätte bis zum Antidiskriminierungsgesetz. Mit diesem Gesetz haben sich die Politiker eine Falle ausgedacht, in die Unternehmer hineinfallen werden. Die Büchse der Pandora wird sich öffnen. Trotzdem werden die Sozialisten in den Parteien dieses Gesetz als im Interesse der Menschheit liegend demagogisch darstellen, gleichzeitig aber weiterhin von der Existenz der Marktwirtschaft faseln. Während der Zeit der Hexenverfolgung genügte bereits eine Verdächtigung, um ein Verfolgungsverfahren gegen die verdächtigte, äußerst bedauernswerte Frau einzuleiten. Solchen

Verdächtigungen wird unter diesem Gesetz künftig jeder Unternehmer von verärgerten oder unzufriedenen Angestellten, von Männern, Frauen und Ausländern, ausgesetzt sein – zum Schaden der Volkswirtschaft.

Ohne eine Versachlichung der wirtschaftlichen, der wissenschaftlichen und der schulischen Probleme kann unser Land nicht aus seiner Lähmung herausgeführt werden. Nur mit strikter Versachlichung kann die Politik die Kraft für wirkliche Reformen zurückgewinnen. Nicht nach dem sozialistisch Gewollten, sondern nach dem Richtigen und Möglichen ist zu fragen. Mit den Behauptungen:

„Das ist politisch nicht durchsetzbar"
„Das ist sozial nicht gerecht"
„Das ist politisch nicht korrekt"

wird die Eigenverantwortung aller Bürger, ihre Freiheit und ihre Aktivität in unerträglicher Weise eingeschränkt. Das historische Problem des angeblichen Gewußthabens stellt sich heute nicht mehr. Jeder Einwohner Deutschlands kann sich durch Erwerb des „Statistischen Jahrbuchs der Bundesrepublik Deutschland" die erforderlichen Kenntnisse verschaffen. Anders gewendet heißt das nichts anderes, als daß jeder Wähler (Politiker) an dem katastrophalen Zustand Deutschlands eine Mitschuld trägt. Keiner kann sich mit Unwissenheit herausreden, auch keine Partei.

Um eine sachorientierte, ideologiefreie Politik durchsetzen zu können, braucht Deutschland zu allererst wieder einen Berufsbeamten im klassisch-preußischen Sinn. Für einen solchen Beamten ist nicht das Parteibuch wichtig, sondern Eigenschaften wie Sparsamkeit, Arbeitsfleiß, Sachkenntnis, Pflicht- und Dienstbewußtsein gegenüber der Gemeinschaft, der er zu dienen hat. Kurzum: es sind die Eigenschaften, die der preußische Staat seit der Mitte des 18. Jahrhunderts von seinen Staatsdienern verlangte. Das preußische Berufsbeamtentum war Vorbild in der Welt. Als Fachleute beherrschten sie ihre Materie und waren nicht auf Unternehmensberater aus der Wirtschaft angewiesen. Vielmehr war das Gegenteil der Fall. Die großen Industrieunternehmen haben ihre Organisationsstrukturen von der preußischen Verwaltung und von der preußischen Armee übernommen. Ebenso wesentlich für die Neutralität der Beamten, eine Grundvoraussetzung für ihre Sachlichkeit, war die Unabhängigkeit bei der personellen Regeneration der Ämter. Es wurde zwar eine uneingeschränkte Loyalität zum Staat gefordert, aber es gab so gut wie keine parteipolitische Einflußnahme.

Das allgemeine und historische Bildungsniveau in Deutschland ist inzwischen soweit abgesunken, daß die Wähler weder gegenüber dem Palaver der Politiker noch gegenüber der Verführungskunst des Fernsehens immun sind. Sie sind nicht in der Lage, die politischen Pferdefüße zu erkennen. Noch nie haben so viele Menschen so lange die Schulen und Universitäten besucht, um so wenig zu lernen. Die preußische Monarchie hat den arbeitenden Menschen finanziell niemals so ausgebeutet, wie es heute durch Parteifunktionäre und durch das Parlament geschieht. Schon im Jahre 1981 hat die Deutsche Bundesbank darauf aufmerksam gemacht, daß sich seit der ersten

Hälfte der siebziger Jahre ein Ungleichgewicht zwischen Ausgaben und Einnahmen des Staates angebahnt hat. Trotzdem weiteten Bund und Länder ihre Ausgaben weiter aus, die Schulden wuchsen wieder stark an. Es bleibt, so die Bundesbank, das Kardinalproblem der Finanzpolitik, die Ausgaben an die Einnahmen anzupassen. Diese Forderung der Bundesbank klang in den Worten des preußischen Königs Friedrich Wilhelm I. (1713–1740) einfach und verständlich: „Gebt nicht mehr aus als ihr einnehmt." Überall regieren die Parteien, mit gleichen Kappen und gleicher Unvernunft, in der Verwaltung, in den Gerichten, in der historischen Deutungskunst und in den vielen anderen öffentlichen und halböffentlichen Einrichtungen. Die Fernsehanstalten bilden keine Ausnahme. Diese überbordende Einflußnahme der Parteien entspricht nicht dem verfassungsrechtlichen Prinzip der Gewaltenteilung. Wenn botmäßige Rechtskommentatoren diese Praxis trotzdem als verfassungsmäßige Übung rechtfertigen, dann wird damit nur die rechtsunzulässige Anpassung an die „politische Korrektheit" sichtbar. Eine „Verfassungsänderung" durch ständige Übung ist rechtlich unzulässig.

Mit der Forderung, Politik, Verwaltung und Rechtsprechung sollten „zur Seele der Massen" Abstand halten, nicht ständig auf die Wünsche und das Wohlbehagen der Volksmenge schielen, ist nichts anderes als die Versachlichung der Politik gemeint. Es handelt sich hierbei um ein uraltes Problem. So hat sich Christian Wolff (1679–1754), der preußische Philosoph, Vorbild für Immanuel Kant und einer der entscheidenden Väter der europäischen Aufklärung, schon 1725 Gedanken darüber gemacht: Die allgemeine Meinung dürfe nicht Maßstab für politische Entscheidungen sein. Er schrieb: „Die Untertanen sind nicht immer in dem Stande zu urteilen, was zum gemeinen Besten gereichet, weil sie von der Beschaffenheit des gantzen gemeinen Wesens und seinem wahren Zustande nicht gnugsame Erkäntnis haben. Sie urtheilen gemeiniglich bloß darnach, ob es ihnen vortheilhafft sey. Allein es pfleget gar offt zu geschehen, daß dem gantzen gemeinen Wesen ersprießlich ist, was von dem einen oder dem andern als nachtheilig befunden wird. Im gemeinen Wesen aber muß die gemeine Wohlfahrt der besondern vorgezogen werden. Öffters verstehen auch die Unterthanen selbst nicht, was zu ihrem Besten dienet und halten für gut, was ihnen schädlich seyn würde."

In § 74 des Allgemeinen Landrechts für die preußischen Staaten von 1794 wird jedes Mitglied des Staates verpflichtet, das Wohl und die Sicherheit des gemeinen Wesens nach seinen Möglichkeiten zu unterstützen. Dazu gehöre es, daß Eltern ihre Kinder zu brauchbaren Mitgliedern des Staates in einer nützlichen Wissenschaft, Kunst oder Gewerbe vorzubereiten haben.

Christian Wolff und August Hermann Francke prägten das preußische Bewußtsein „Gemeinnutz geht vor Eigennutz". Es ist zwar elitär, unabhängig von den Begehrlichkeiten der Masse zu entscheiden, aber jede andere Politik führt in das Verderben.

Am 31. März 1814 ritt der russische Zar Alexander als Sieger der aus drei Staaten bestehenden Koalition, Rußland, Preußen und Österreich, in Paris ein, links neben ihm Schwarzenberg als Vertreter für Kaiser Franz, rechts neben ihm Friedrich Wilhelm III., König von Preußen. Dieser Einzug fand statt unter der tosenden Begeisterung der Pariser Bevölkerung. Diese Menschen hatten vorher den blutrünstigen Revolutionären unter Robespierre, dann Napoleon, jetzt dem russischen Zaren Alexander, im Frühjahr 1815 wieder Napoleon und schließlich im Hochsommer 1815 den Siegern über Napoleon, Wellington und Blücher, zugejubelt (Friedrich Carl Albrecht).

Diese Ereignisse sind kennzeichnend für das Denken und Fühlen der Massenmenschen. Ein anderer und einflußreicher Kritiker der Massenseele und des Sozialismus war der französische Arzt Gustave Le Bon, der im Jahre 1895 sein Erfolgsbuch „Psychologie des Foules" schrieb. Den Sozialismus hielt Le Bon für die schwerste Gefahr, von der die europäischen Völker bedroht werden. Echte Kultur führe nicht zur Gleichheit, sondern zu einer immer größer werdenden Ungleichheit. Ein Theaterregisseur, der, wie es in der letzten Zeit mehrfach geschehen ist, Obszönitäten auf der Bühne darstellen läßt, ist in diesem Sinne nicht kulturell „ungleich", sondern einfach geschmacklos. Mit Kultur hat ein solcher Tabubruch nichts zu tun. Die Massenseele sieht das leider anders. Ohne die hohen Subventionen seines Theaters durch die Gelder der Steuerzahler würde dieser „Regisseur" keinen einzigen Besucher in sein Theater locken können. Der deutsche Philosoph und Arzt Karl Jaspers nahm im Todesjahr von Le Bon (1931) dessen Gedanken auf. Er verurteilte mit spürbarer Besorgnis und Vehemenz den „Feldzug der

Sozialisten gegen die Elite". Er kämpfte literarisch gegen die Nivellierung des Menschen in der Massenordnung. Als Beispiel nannte Jaspers die politische Abhängigkeit von Majoritäten, den Haß der Ideologen gegen jeden Andersdenkenden, die Verfolgung und Ausschließung jeder Besonderheit und jeder Individualität. Mit diesen Gedanken sah Jaspers bereits die Massenaufmärsche auf dem Nürnberger Parteitag der Nationalsozialisten voraus. Jaspers knüpfte an Le Bon an, der auf diese Umstände schon 40 Jahre früher hingewiesen hatte, indem er das öffentliche Schulsystem unter den Sozialisten als Anstalt zur Gleichmacherei beschrieb. Die Kinder einander ähnlich zu machen, sei zu den unerschütterlichen Dogmen der sozialistischen Lehre geworden, wie einst die Dogmen der Kirche. Doch diese sozialistischen Dogmen stünden im Gegensatz zu den Ergebnissen der Psychologie und den Erfahrungen.

Im übrigen unterscheiden sich die amerikanischen Behavioristen in dieser Hinsicht um keinen Deut von den Sozialisten.

Was Le Bon als Ergebnis der Psychologie und der Erfahrungen beschrieb, nämlich die Ungleichheit der Veranlagungen und Verhaltensweisen der Menschen, ist 100 Jahre später von der Wissenschaft bestätigt worden. Auch Mann und Frau sind im Denken und Handeln ungleich. Trotzdem halten die Sozialisten und die Feministinnen, ihre politischen Schwestern, sowie die amerikanischen Behavioristen an der Fiktion der Gleichheit fest. Nach der sozialistischen Doktrin sind Mann und Frau grundsätzlich gleich, erst die „Gesellschaft" zwingt sie in ihre traditionellen Rollen. Diese Doktrin ist Marxismus in Reinkultur. Weil die Vererbungslehre von den Nationalsozialisten gefördert wurde, bedurfte es bei der gegenwärtigen Politik keiner Anstrengung, sie als verfehlt und unwissenschaftlich darzustellen. Hirn- und Genforschung widerlegen inzwischen die sozialistisch-feministischen Obsessionen. Dieses sozialistische Dogma der Gleichheit wirkt sich besonders schädlich in den Schulen mit der sogenannten Koedukation aus. Die Fachleute wissen es, die Politiker verweigern trotzdem eine Änderung. Das sozialistische Dogma hat Vorrang, bei den Funktionären und bei den Massenmenschen.

Ebenso wie Le Bon oder Karl Jaspers hielt auch Bismarck den Demagogen, den aufputschenden und mit Schlagworten um sich werfenden Redner, für eine große Gefahr eines gesunden Gemeinwesens. In seiner berühmten Rede vor dem Reichstag am 17. September 1878 stellte er die Frage an die Sozialisten, wie sie mit ihrer Behauptung, es könne bei weniger Arbeit mehr Geld geben, die Zukunft des Staates sichern wollten. Im sozialistischen Staat, so Bismarck weiter, werden die Redner (nicht die Fachleute) die erbarmungslosesten Tyrannen sein, gegen ihre Beredsamkeit gebe es kein Mittel (kein Appell). Sozialismus ist menschenunwürdig, entspricht nicht der menschlichen Natur, führt zu Entwürdigung, Demütigung, Unterdrückung und Verarmung. Es liegt an der Lehre, nicht an der Anwendung. Es gibt keinen dritten Weg. Es gibt nur eine erfolgreiche Wirtschaftsform, das ist die echte Marktwirtschaft. Daß sie nicht auswuchert, ist die Aufgabe der

Politik. Das aber darf nicht dazu führen, daß sich Gruppen auf Kosten anderer bereichern, daß sie der Marktwirtschaft in den Arm fallen, um dann zu sagen, Marktwirtschaft funktioniert nicht. Bei diesem Zustand sind wir angelangt, und die einfältigen Sozialisten verwenden unverändert ihre alten dümmlichen Argumente gegen die Marktwirtschaft.

Das Verhältnis der produktiv arbeitenden Menschen zu der Zahl derjenigen, die vom Geld anderer leben oder leben wollen, hat sich in der Bundesrepublik Deutschland inzwischen so sehr von einer ausgewogenen Balance entfernt, daß kein noch so gut gemeintes Modell an den Folgen dieses Ungleichgewichts etwas ändern kann. Eins und eins ist zwei und nicht drei. Wenn 42 Millionen Rentner, öffentlich Bedienstete, Angehörige der sozialen Wohlfahrtsverbände, Gewerkschaftsfunktionäre, Arbeitslose, Sozialhilfeempfänger und Studenten von 16 Millionen produktiv Tätigen leben wollen, ist das schon rechnerisch nicht mehr möglich.

Nur die Wiederentdeckung des preußischen Bewußtseins, das Recht und die Fähigkeit zur selbständigen Entscheidung, die Anerkennung des uneingeschränkten Leistungsprinzips anstelle von Lust, Spaß und Parteizugehörigkeit, das Leben in Pflicht und Eigenverantwortung, in Sparsamkeit und Bescheidenheit, die Einsicht in die Notwendigkeit von Disziplin und Bildung, die Ethik eines schuldenfreien Staates, das Leben in Familie und Kultur könnten die Bundesrepublik Deutschland, unser „gemeines Wesen", aus dem Tal des Jammers herausführen. Das preußische Bewußtsein verlangt jedoch vom Staat und von den Parteien gebieterisch, mit Sparmaßnahmen nicht „unten", sondern „oben" zu beginnen, das bedeutet bei sich selbst. Als Reichspräsident von Hindenburg im Jahre 1932 aus wirtschaftlichen Gründen die Verordnung zur Senkung der Beamtengehälter um 8% unterschreiben sollte, erklärte er, diese Verordnung nur unter der Voraussetzung unterschreiben zu wollen, daß sein Gehalt und das aller Minister um 15% herabgesetzt werde. Diese Einstellung war preußisch. Sie fehlt heute bei Staat und Politik. Es ist nicht klar erkenntlich, ob es Unfähigkeit oder Unwillen der Regierung ist, sich zu weigern, die reichlich vorhandenen Leistungsreserven in den verschiedenen Institutionen zu mobilisieren. Wenn ein Wirtschaftsunternehmen seine Unterbilanz wieder in Ordnung bringen will, muß es die personellen und sachlichen Reserven angreifen. Das erfordert in der Regel Können, große Anstrengung und auch eine gewisse Härte. Auf diese drei Voraussetzungen kann die Politik (Staat) ebenfalls nicht verzichten, wenn die öffentliche Überschuldung abgebaut werden muß. Wohin wir blicken: überall wird dank der Unfähigkeit der Regierung und der Parteien mit dem Geld, das den Bürgern abgenommen wird, unachtsam und nachlässig umgegangen.

Im Gesundheitswesen, dieser einzigartigen Maschine zur Geldvernichtung, sind riesige Leistungsreserven vorhanden. Es fehlt leider an Kompetenz und am Willen der Regierung, diese Reserven zu aktivieren. Verantwortlich dafür sind sie alle, vom Minister bis zu den Ärzten und dem Krankenhauspersonal. Auch die Versicherten, die mit jedem Schnupfen zum Arzt gehen, sind einzubeziehen. Keiner wagt sich an diese „heiligen Kühe" heran. Über die Kosten der Arzneimittel, der ärztlichen Behandlung und des Krankenhausaufenthalts werden Patienten im Unklaren gelassen. Warum dürfen sie diese Kosten nicht erfahren?

Auf vielen anderen Feldern werden Privatisierungen zur Behebung von organisatorischen Mängeln empfohlen und durchgeführt. Bei den gesetzlichen Krankenkassen fürchten die Sozialisten wie der Teufel das Weihwasser eine stärkere Verlagerung auf die privaten Versicherungen. Es könnte ja dadurch eine gerechtere Eigenleistung der einzelnen im Krankheitsfall eintreten. Denn die privaten Versicherungen pflegen das Deckungsprinzip und nicht das unsoziale und ungerechte Umlageprinzip. Eher vergrößert man den Kreis derjenigen, die in das bodenlose Faß des Gesundheitswesens einzuzahlen haben. Bis das auch nicht mehr reicht. Nicht Privatisierung, sondern im Gegenteil eine Verstaatlichung droht im Gesundheitssystem, politisch korrekt sollte man besser von Sozialisierung sprechen. Ein sozialistisches Gesundheitswesen, das wäre nach dem Geschmack der sozialistischen Schuldenmacher. Die nächste Generation hätte es auszubaden. Auch das wäre im Sinne der gegenwärtigen politischen Klasse, die sich jeder eigenen finanziellen Einschränkung verweigert. Im übrigen hat sich schon Adenauer bei der Einführung des Umlageverfahrens im Rentensystem und der Abschaffung der letzten Reste des Deckungsprinzips damit getröstet, daß die Folgen seiner Entscheidung erst in den nächsten Generationen auftreten werden. Sind denn beispielsweise 250 gesetzliche Krankenkassen erforderlich? Natürlich nicht! Mit der Forderung, mit dem Sparen „oben" zu beginnen, ist in erster Linie die Mobilisierung der Leistungsreserven gemeint.

Deutschland braucht eine Rückbesinnung auf diejenigen Eigenschaften, die unser Land auf vielen Gebieten zum Vorbild in der Welt haben werden lassen. Wenn der ausscheidende Präsident der Akademie der Künste in Berlin, der schweizerische Schriftsteller Muschg, im April 2006 sagte, man müßte sich schämen, wie das moderne Deutschland mit den bedeutenden Beiträgen Deutschlands zur Weltkultur und Weltzivilisation umgehe, dann können wir dieser Feststellung ohne Einschränkung zustimmen. Die Parteien machen es sich zu einfach, für alle notwendigen Maßnahmen zunächst einmal Geld zu fordern, das nicht vorhanden ist. Also müssen Schulden gemacht werden. Geld zu fordern – natürlich von anderen! – ist einfacher als sich selbst anzustrengen und darüber nachzudenken, wie man dieses Staatswesen durch eigene Anstrengung und Fleiß wieder lebensfähig machen kann. „Die Macht Preußens beruht nicht auf innerem Reichtum, sondern allein auf unserem Arbeitsfleiß. Wir haben keine reichen Handelsgesellschaften, noch andere Quellen wie die Franzosen, die Spanier und die Engländer" (Friedrich der Große (1756).

Statistische Vergleiche

Landesgebiet 1912

Deutschland	541.000 qkm	(2004: 357.000 qkm)
England	314.000 qkm	
Frankreich	536.000 qkm	

Bevölkerung	1871	1912	Zunahme seit 1871
Deutschland	40,9 Mio.	66,1 Mio.	+61,0 %
England	31,6 Mio.	45,6 Mio.	+45,0 %
Frankreich	36,2 Mio.	39,6 Mio.	+ 9,4 %

Bodennutzung (in Prozent der Gesamtfläche)

	Acker	Wiesen	Wald	Unproduktiv
Deutschland	49 %	16 %	26 %	9 %
England	25 %	52 %	4 %	19 %
Frankreich	59 %	10 %	16 %	15 %

Kolonien	qkm 1881	qkm Neuerwerb	qkm 1913	Einwohner
Deutschland	–	2.907.000	2.907.000	12 Mio.
England	22.640.000	7.692.000	30.332.000	349 Mio.
Frankreich	530.000	7.380.000	7.910.000	45 Mio.
Belgien	2.382.800	–	2.382.800	19 Mio.
Niederlande	2.043.647	–	2.043.647	38 Mio.

Steuer und Vermögen

Steuerbelastung 1908 pro Kopf in Mark

	direkte Steuern		indirekte Steuern		Gesamtbetrag
Deutschland	10,42	+	24,13	=	34,55
England	26,55	+	32,55	=	59,10
Frankreich	18,90	+	47,22	=	66,12

Steuerbelastung 1913 pro Kopf in Mark

	direkte Steuern		indirekte Steuern		Gesamtbetrag
Deutschland	30,89	+	23,73	=	54,62
England	59,27	+	30,65	=	89,92
Frankreich	27,15	+	44,95	=	72,10

54,62 Mark entsprechen 524 Euro. Die Steuerbelastung im Jahr 2000 beträgt pro Kopf 10.064 Euro, das ist gegenüber 1913 etwa das 19fache pro Einwohner.*

*StBA, 2001, S. 503

Ausgaben pro Kopf 1908 in Mark

	Soziales	Unterricht	Schuldendienst
Deutschland	1,69	5,04	11,71
England	0,07	7,87	13,38
Frankreich	0,27	5,52	25,70

Wegen der Verschiedenartigkeit der Einnahmequellen und der finanzstatistischen Methoden sind die Zahlen nur eingeschränkt vergleichbar, als Überblick aber brauchbar.

Staatsschulden 1912	in Goldmark	Mark pro Einwohner
Deutschland	20,5 Mrd.	310
England	14,8 Mrd.	324
Frankreich	26,1 Mrd.	658

In England war die Eisenbahn nicht Bestandteil des Staatshaushalts.
In Deutschland dagegen gehörten die Eisenbahnschulden mit 9,429 Mrd. zum Gesamthaushalt.

Ohne Eisenbahn betrugen die fundierten deutschen Schulden nur 11,07 Mrd., daher pro Einwohner nur 167 Mark.

Volksvermögen 1912	in Goldmark
Deutschland	290 Mrd.
England	300 Mrd.
Frankreich	240 Mrd.

Staatsschulden 2004:	1.360.000.000.000 Euro
Pro Einwohner:	16.585 Euro

Eine Goldmark entspricht nach Kaufkraft und Preisindex etwa 9,60 Euro.

Das bedeutet eine Staatsverschuldung im Jahre 1912 von 1.603 Euro pro Einwohner.

Die gegenwärtige Staatsschuld ist 10,3 mal so hoch wie im Jahr 1912.

Außerdem besteht im Jahr 2004 eine extrem hohe Abgaben- und Steuerlast pro Einwohner.

Wirtschaft

Arbeitslosigkeit von 1871–1914 (Durchschnitt)

Deutschland	1 % – 2 %
England	4 % – 9 %
Frankreich	6 % –10 %

Wirtschaftswachstum in Deutschland

1876–1895	+ 2,7 % jährlich
1896–1913	+ 3,4 % jährlich

Preisentwicklung (Index) in Deutschland

1875–1913	112,7–129,8	Entwertung 0,37 % jährlich
1962–2000	33,0–106,9	Entwertung 3,14 % jährlich

1 Mark im Jahre 1875 war 1913 noch 0,87 Mark wert.
1 DMark im Jahre 1962 war 2000 noch 0,31 DMark wert.

Private Automobile 1912

Deutschland	44.468
England	90.953
Frankreich	76.771

Viehhaltung 1912 (in Tausend)

	Pferde	Rinder	Schafe	Schweine
Deutschland	4.516	20.159	5.788	21.885
England	2.229	11.875	28.887	3.980
Frankreich	3.236	14.436	16.425	6.720

Landwirtschaft 1912 Ernteerträge pro Hektar/dz

	Weizen	Roggen	Kartoffeln
Deutschland	23	19	150
England	7	9	82
Frankreich	14	10	82
USA	11	11	76

Postanstalten		pro 100.000 Einwohner
Deutschland	50.563	77,4
England	24.245	53,9
Frankreich	14.616	35,7

Telephone 1910	Stück	Gespräche pro Einwohner
Deutschland	1.076.000	28,3
England	613.000	15,7
Frankreich	241.292	6,7

Bücherproduktion 1910	Stück	pro 100.000 Einwohner
Deutschland	31.280	48
England	8.470	18
Frankreich	12.615	32

Sparguthaben 1910	Einlagen pro Einwohner in Mark
Deutschland	273
England	103
Frankreich	114

35 % der Einwohner lebten an der Armutsgrenze, das waren prozentual weniger als in England oder Frankreich, deren Industrialisierung schon 20 Jahre früher begonnen hatte. Trotz des Zusammenwachsens von 25 Städten und Ländern, trotz Bevölkerungsanstieg und Industrialisierung waren es die besten durchschnittlichen Lebensverhältnisse in Europa. Nach Professor Dr. David Nachmansohn, New York, eine der erstaunlichsten europäischen Leistungen.

Erzeugung von Roheisen und Eisenerzen 1912 in 1000 Tonnen

Deutschland	17.869
England	9.679
Frankreich	4.949

Spielwarenindustrie 1912   Produktionswert in Mio. Mark

Deutschland   125
England   6
Frankreich   40

Außenhandel 1912 in Mio. Mark

	Import	Export	Total
Deutschland	10.695,5	8.956,8	19.652,3
England	12.914,4	9.943,7	22.858,1
Frankreich	6.360,7	5.309,1	11.669,8

Deutschland beherrschte in Chemie und Pharmazie den Weltmarkt mit 87 % (Apotheke der Welt!).

Deutschland übernahm auf dem Weltmarkt die Führungsrolle auf allen Anwendungsgebieten der Elektrizität. In der optischen Industrie besaß Deutschland eine führende Weltmarktstellung.

In der Quantität (Stapelware) war das englische Außenhandelsvolumen größer als das deutsche, in technischen Qualitätsprodukten dagegen war es erheblich geringer.

Deutscher Import 1911

Von ihrem Gesamtexport exportierten nach Deutschland:

England   10,3 %
Frankreich   13,1 %
USA   14,1 %
Österreich   43,2 %

Handelsflotten 1911

	Schiffszahl	Bruttoraum t	Anteil an der Weltflotte
Deutschland	4.732	3.893.000	10,3 %
England	20.919	18.122.000	42,6 %
Frankreich	17.729*	1.471.000	4,8 %

*davon 15.949 Segelschiffe

Überseekabel 1913	Länge in km	Anteil am Weltkabelnetz
Deutschland	43.242	8,3 %
England	257.852	49,7 %
Frankreich	42.245	8,1 %
USA	98.651	19,0 %

Die überwältigende Propagandamacht der englischen und amerikanischen Medien konnte sich auf das weitverzweigte Kabelnetz stützen.

Erzeugung von Elektrizität (Giga-Wattstunden) 1914	
Deutschland	8,8
England	2,5
Frankreich	2,1

Eisenbahnkilometer	1911	Einnahmen in Mio. Mark
Deutschland	61.936	3.092
England	37.649	2.485
Frankreich	50.232	1.814

Die deutsche Eisenbahn befand sich nicht in privater, sondern in staatlicher Hand. Die Einnahmen wurden zur Deckung von Staatsausgaben verwendet und nicht zur Akkumulation von Privatvermögen (Beispiel: Harriman, Milliardär in USA).

Unfälle der Eisenbahnen im Jahr 1900 auf je eine Million beförderte Reisende jeweils auf einer vergleichbaren Strecke

	Tötungen	Verletzungen
Deutschland	0,08	0,39
England	0,14	1,94
Frankreich	0,174	0,28
USA	0,45	6,58

Straßenbau in Deutschland von   1871–1914 = 5.000 km jährlich
Eisenbahnbau in Deutschland von 1871–1914 = 1.000 km jährlich

Bevölkerung und Bildung

Jahr	Bevölkerung	Jugendliche unter 30 Jahre	auf 1.000 Einwohner			
			Eheschlie-ßungen	Schei-dungen	Geburten-überschuß	Selbst-mord
Deutsches Kaiserreich						
1870	41.059.000	25.070.625	7,3	0,12	11	0,18
1890	49.428.000	31.584.492	8,0	0,13	11	0,21
1913	67.200.000	41.986.000	7,7	0,23	15	0,22
Bundesrepublik Deutschland						
1950	68.400.000	31.600.800	10,7	2,00	6	0,20
1980	78.200.000	27.370.000	6,5	1,83	− 2	0,22
2001	82.259.540	25.688.000	5,1	2,36	− 1	0,21

Die Bevölkerung nahm im Kaiserreich im Durchschnitt jährlich um 600.000 Menschen zu. Allein um die schulischen Anforderungen dieser Bevölkerungszunahme zu befriedigen, wurden 5.000 Lehrer jährlich zusätzlich für die allgemeinen Schulen ausgebildet, das waren Volksschulen, Mittelschulen und Höhere Schulen. Etwa 6.000 Lehrer schieden jährlich aus dem Schuldienst aus, so daß mindestens 10.000 bis 12.000 Lehrer ständig in der Ausbildung standen.

Der Anteil derjenigen, die nicht lesen und schreiben konnten (Analphabeten) 1900

Deutschland	0,9 %	
England	9,6 %	
Frankreich	10,0 %	
USA	12,0 %	(Farbige 49 %)
Österreich	21,0 %	(deutschsprachig 1,2 %)
Italien	47,0 %	

Juden mit jüdischer oder christlicher Religion 1911		Bevölkerungsanteil
Deutschland	700.000	1,06 %
England	206.000	0,45 %
Frankreich	86.000	0,27 %

Der jüdische Bevölkerungsanteil von Männern in Deutschland betrug 0,53 %.
Daher war der jüdische Anteil von 13,3 % an den juristischen Professoren sehr hoch.
Jüdische Juristen besetzten etwa 11 % aller Richterstellen in Preußen. Sie stellten mindestens
30 % aller Rechtsanwälte. Die Presse befand sich zum größten Teil in jüdischer Hand.

Nobelpreisträger in Medizin und Naturwissenschaften

Deutschland   20
Niederlande   4*
England   8
Frankreich   7
USA   2

Deutschland war das in der Welt führende Land der Wissenschaft und Bildung.

Im Jahr 2001 ist Deutschland auf diesen Gebieten dramatisch zurückgefallen.

Im Jahre 1911 gab es in Deutschland bei 65 Mio. Einwohnern 11.350.000 Schüler und 234.923 Lehrkräfte.

Im Jahre 2001 hatte Deutschland bei 82 Mio. Einwohnern 8.670.000 Schüler und 545.284 Lehrkräfte.

*Zwischen Deutschland und den Niederlanden bestand eine sehr enge wissenschaftliche Zusammenarbeit.

Wirtschaftsstruktur in Deutschland 1914 in Relation zur Bevölkerung

Meßzahl 100

Anzahl der Betriebe		Betriebsvermögen	
Sachsen	135	Berlin-Brandenburg	167
Hamburg und Umgebung	121	Hessen	130
Südwestdeutschland	113	Sachsen	124
Berlin-Brandenburg	105	Rheinland-Westfalen	113
Rheinland-Westfalen	104	Hamburg und Umgebung	117
Niedersachsen	102	Südwestdeutschland	99
Hessen	102	Niedersachsen	85
Bayern	82	Bayern	67

Rangfolge: Berlin-Brandenburg, Sachsen, Hamburg und Umgebung, Hessen, Rheinland-Westfalen, Südwestdeutschland, Niedersachsen, Bayern.

Die noch ärmeren Gebiete als Bayern sind hier nicht aufgeführt: Ostpreußen, Pommern, Schleswig-Holstein, Schlesien u. a.

Deutschlands Medizin

Jahr	Krankenhausbetten	Krankenhäuser	Betten je 10.000 Einwohner
1871	85.100	2.124	21
1914	466.525	4.718	70
1999	565.268	2.252	69

	Ärzte	auf 10.000 Einwohner
1896	23.910	4,5
1905	31.041	5,1
1970	99.654	16,1
2000	294.676	35,9

Wahlen

Allgemeines, gleiches und geheimes Wahlrecht

Deutschland	1869
England	1918
Frankreich	1848 (mit Wahlmanipulationen)

Wahlberechtigung in % der Gesamtbevölkerung

	1871	1890	1905
Deutschland (Reichstag) (männlich über 25 Jahre)	19,4	21,7	22,2
Preußen (Landtag) (männlich über 25 Jahre)	19,6	20	20,6

b. w.

Noch Wahlberechtigung in % der Gesamtbevölkerung

	1883	1886	1914
England (männlich über 25 Jahre)	8,2	13,4	16,4

	1869	1889	1906
Frankreich (männlich über 21 Jahre)	27	27	28

Während der Anteil der Wahlberechtigten in Frankreich wegen des niedrigen Wahlalters (21 Jahre) größer war als in Deutschland (Preußen), lagen die entsprechenden Zahlen im demokratischen „Musterland" England stets unter den deutschen, sogar unter denen des preußischen Dreiklassenwahlrechts.

Die Gleichheit der Wahlberechtigung setzte sich in England, das von der „nobility" und der „gentry" beherrscht wurde, erst langsam durch, endgültig erst 1918. Die Anpassung der Wahlkreise an die Bevölkerungsentwicklung erfolgte in allen Ländern nicht ohne Parteiinteressen. Doch das Ausmaß der Wahlbeeinflussung nahm in England einen erschreckend hohen Umfang an (gerrymandering). Frankreichs Wahlen waren ebenfalls aus Gründen der Machterhaltung und der Parteiinteressen von erheblichen Manipulationen unterschiedlicher Art gekennzeichnet.

Die amerikanische Historikerin Professor Margaret Lavinia Anderson zeigte in einer gründlichen Untersuchung im Jahre 2000 zum ersten Mal auf, wie korrekt die Wahlen in Deutschland abgehalten worden sind.

Montesquieu forderte für den Rechtsstaat Trennung von Parlament und Verwaltung (Gewaltenteilung). Deutschland erfüllte diese Forderung. Der Parteienstaat dagegen will alles kontrollieren: Gesetzgebung, Justiz und Verwaltung.

Arbeitsmarkt

Arbeitslosigkeit von 1871–1914 (Durchschnitt)

Deutschland	1 %– 2 %
England	4 %– 9 %
Frankreich	6 %–10 %

Abhängig Beschäftigte in Deutschland / Rentner und Pensionäre

1882	18,9 Mio.	1,4 Mio.
1914	31,8 Mio.	3,9 Mio.
2000	33,6 Mio.	24,7 Mio.

Beschäftigte in Bereichen, die Mehrwert erzeugen

1914	28,1 Mio.	42 % der Bevölkerung
2000	13,6 Mio.	17 % der Bevölkerung

Hierzu gehören Land- und Forstwirtschaft, Bergbau und Industrie, Energie und Wasserversorgung, Baugewerbe, Verkehr, Nachrichtenwesen.

Personal der öffentlichen Haushalte

1914	600.000	0,9 % der Bevölkerung
2000	4.909.000	6,0 % der Bevölkerung

Personal des Höheren Dienstes (Assessor bis Staatssekretär)

1914	45.000	0,070 % der Bevölkerung
2000	800.000	0,975 % der Bevölkerung

Von 1871–1914 entstanden in Deutschland jährlich rund 380.000 neue Arbeitsplätze. Hierzu waren umfangreiche Investitionen erforderlich. Die Unternehmen waren dank der niedrigen Steuern zu diesen Investitionen in der Lage. Mit einem Staatsanteil von 14 % handelte der Staat verantwortungsbewußt. Im Jahre 2004 betrug der Staatsanteil in Deutschland 50 % mit der Folge einer beträchtlichen Arbeitslosigkeit.

Verteidigung

Armee 1913	Anzahl Soldaten	Ausgaben in Mark	pro Einwohner
Deutschland	790.000	1.009 Mio.	15
England	138.000	575 Mio.	13
Frankreich	780.000	766 Mio.	19
Rußland	1.254.000	810 Mio.	6*

Marine 1914	Großkampfschiffe	Tonnen	gesamte Kriegsflotte in Tonnen
Deutschland	42	620.600	1.273.600
England	101	1.585.800	2.857.300
Frankreich	38	482.500	1.003.400
USA	44	717.500	1.054.600
Rußland	13	166.200	415.400

*Heeresstärke schwankte erheblich, für die Ausgaben liegen keine präzisen Zahlen vor.

Marine 1913	Ausgaben in Mark	pro Einwohner
Deutschland	467 Mio.	7
England	945 Mio.	20
Frankreich	412 Mio.	11

Anfang 1911 faßte das amerikanische Abgeordnetenhaus den einstimmigen Beschluß, die Unionsflotte zur zweitstärksten der Welt auszubauen. Zunächst bestand das Ziel, Englands Flotte im Pazifik zu entlasten, denn Deutschland galt schon 1911 als Hauptgegner. Doch auf lange Sicht zielten die USA (nicht Deutschland) seit Beginn des 20. Jahrhunderts auf die Ablösung der Weltmachtstellung Englands.

Militärische Ausgaben 1913	in Mark	Mark pro Einwohner
Deutschland	1.476,1 Mio.	22
England	1.520,4 Mio.	33
Frankreich	1.178,0 Mio.	30
Rußland	1.230,0 Mio.	8

Wichtige Quellen:

Statistisches Bundesamt, Bevölkerung und Wirtschaft von 1872–1972
(Kohlhammer, Stuttgart, 1972)

Statistisches Bundesamt (StBA),
Statistische Jahrbücher für die Bundesrepublik Deutschland

Kaiserliches Statistisches Amt,
Statistische Jahrbücher für das Deutsche Reich

Deutsche Bundesbank,
Deutsches Geld- und Bankwesen in Zahlen 1876–1975
(Knapp, Frankfurt/Main, 1976)

Hohorst, Kocka, Ritter, Sozialgeschichtliches Arbeitsbuch II,
Statistik 1870–1914 (Beck, München, 1978)

Meyers Konversationslexikon, 6. Auflage
(Bibliographisches Institut, Leipzig, 1906)

Dresdner Bank, Die wirtschaftlichen Kräfte Deutschlands
(Reichsdruckerei, Berlin, 1914)

Otto Hintze „Der Beamtenstand" (1911), in: Soziologie und Politik,
herausgegeben von Gerhard Oestreich
(Vandenhoeck und Ruprecht, Göttingen, 1982)

Barbara Strenge, Juden im Preußischen Justizdienst
(K. G. Saur, München, 1996)

128

130

Über den Autor

Ehrhardt Bödecker, geboren 1925 in Zwickau. Die Familie des Vaters entstammt dem sächsischen Bildungsbürgertum, die mütterliche Familie der ostpreußischen Rittergutstradition. Seit 1934 in Berlin wohnhaft. Kriegsteilnehmer und schwer verwundet. Studium von Recht, Wirtschaft und Geschichte in Berlin und USA. Amtsrichter, Verwaltungsrichter und Rechtsanwalt. Seit 1966 selbständiger und erfolgreicher Privatbankier in Berlin. 1995 Ruhestand. Errichtung und Konzeption des eigenen „Brandenburg-Preußen Museums" in Wustrau. Eröffnung Oktober 2000. Erfreulich hohe Besucherzahlen.

Der Autor in seinem Museum vor der Porträtgalerie aller brandenburgischen und preußischen Herrscher von 1415 –1918. Die Porträts wurden von Christoph Wetzel gemalt. Er ist der Maler der Decken- und Wandgemälde in der wiederaufgebauten Dresdner Frauenkirche.

Weitere Werke des Autors:

„Preußen und die Wurzeln des Erfolgs"
(2. überarbeitete Auflage) Olzog Verlag, München 2005,
376 Seiten, Hardcover
ISBN 10: 3-7892-8176-X
ISBN 13: 978-3-7892-8176-1

„Die europäische Tragödie"
(2. überarbeitete Auflage) Olzog Verlag, München 2007,
ca. 255 Seiten, Hardcover
ISBN 10: 3-7892-8189-1
ISBN 13: 978-3-7892-8189-1
Nicht der Beginn des Ersten Weltkriegs, sondern die
Verweigerung von Friedensverhandlungen durch die
Alliierten in den Jahren 1916/17 war die eigentliche
Tragödie Europas. Ein weiterer Essay behandelt die „Humane
Bilanz Preußens".

„500 Jahre brandenburgisch-preußische Geschichte"
Katalog zur Ausstellung, Wustrau 2006,
144 Seiten, vierfarbig
Ein Lehrpfad durch die deutsche Geschichte
von 1415 –1918.

Zu beziehen vom Brandenburg-Preußen Museum in
Wustrau, Eichenallee 7 A, 16818 Wustrau,
Telefon 03 39 25/ 7 07 98, Fax 03 39 25/ 7 07 99.